Die Eigentumswohnung

Verbraucher-Zentrale

Vorwort

Hohe Mieten einerseits sowie immense Kosten und Zinsen für den Bau von Eigenheimen andererseits machen Eigentumswohnungen interessant. So verlockend das zum eigenen Haus vergleichsweise billigere Eigentum auf der Etage auch sein mag, häufig erkennen die stolzen Wohnungseigentümer schon bald, daß sie nun doch nicht so sehr ihr "eigener Herr" oder ihre "eigene Frau" sind, wie sie sich das erträumt haben. Streitigkeiten innerhalb von Eigentümergemeinschaften oder auch zwischen Verwalter und Eigentümer sind keine Seltenheit. Gemeinschafts- und Hausordnung, Gebrauchsregelungen, Beschlüsse der Eigentümerversammlung, Veräußerungsbeschränkungen, Sondernutzungsrechte sowie Fragen der Instandhaltung und Kostenverteilung können immer wieder Zündstoff bieten – besonders wenn die Wohnungseigentümer über ihre Rechte und Pflichten nicht genau Bescheid wissen, sich vor dem Kauf nur unzureichend informiert haben.

Welche Grundbegriffe Sie kennen und was Sie bereits vor dem Kauf beachten sollten, wie Ihre Rechte und Pflichten als Wohnungseigentümer aussehen und was Sie bei auftretenden Problemen allein oder gemeinsam mit den anderen Eigentümern im Haus tun können, zeigt Ihnen diese Broschüre umfassend und leicht verständlich.

Die Herausgeber

Inhalt

1   Ein bißchen Geschichte

Bis zum Jahre 1951 kannten wir in Deutschland kein Wohnungseigentumsgesetz. Wir kamen mit den überlieferten Formen des Einzeleigentums oder des Bruchteileigentums aus. Bruchteilseigentümer sind beispielsweise Ehepartner je zur Hälfte, wenn sie gemeinsam ein Haus besitzen. Auch bei Erbengemeinschaften sind die Erben Eigentümer nach Bruchteilen. Lästig wurde es jedoch immer, wenn die anderen Miteigentümer in der Bruchteilsgemeinschaft gefragt werden mußten, sobald irgendwelche baulichen oder finanziellen Änderungen in und am Gebäude beabsichtigt waren. Um solchen "Kollektiv-Eigentümern" das ausschließliche Verfügungsrecht für einen Teil des gemeinsamen Eigentums – nämlich der Wohnung – einzuräumen, war eine neue gesetzliche Regelung erforderlich.

Das Wohnungseigentumsgesetz aus dem Jahre 1951 ermöglichte es, alleiniger "Herr" in seiner Wohnung zu werden. Allerdings wird man damit nicht alleiniger "Herr" im Haus.

Das Wohnungseigentumsgesetz wurde so gestaltet, daß es den einzelnen Eigentümern viele eigene Entscheidungsmöglichkeiten gibt. Es hat verhältnismäßig wenig unabdingbare, nicht veränderbare Bestandteile. Viele Teile des Wohnungseigentumsgesetzes können durch Vereinbarungen den besonderen Erfordernissen der einzelnen Wohnungseigentümergemeinschaften angepaßt werden. Doch darüber später mehr.

2   Anbieter von Eigentumswohnungen

Wohnungseigentum wird Ihnen in vielfältiger Form angeboten:

☐ Sie können sich mit anderen Interessenten zusammenschließen und in Form einer Bauherrengemeinschaft Wohnungseigentum selbst errichten. Viele Bauherren haben einen Treuhänder eingeschaltet, der ihnen die Kleinarbeit beim Bau abnimmt. Doch bei der Auswahl des Treuhänders ist hier Vorsicht geboten. Der Treuhänder muß im Bau- und Finanzierungswesen fachkundig sein, da er vielfach als Bevollmächtigter der Bauherren über Einzelheiten entscheiden muß, die der Einzelbauherr nicht beherrscht. Als Bauherr können Sie auch ohne Einschaltung eines Treuhänders gemeinsam mit den Miteigentümern die Errichtung einer Eigentumswohnungsanlage in die Hand nehmen. Architekten und Finanzierungsfachleute geben dann die fachkundigen Ratschläge.

☐ Sie können eine Eigentumswohnung von einem Bauträger kaufen. Bauträger sind Gewerbetreibende, die Eigentumswohnungen in eigenem Namen für eigene oder fremde Rechnung errichten. Oft werden dann die fertigen Wohnungen zum Kauf angeboten. Sie werden aber auch Angebote für Wohnungen finden, die noch im Bau

oder erst geplant sind. Baupläne und Baubeschreibungen geben darüber Auskunft, wie die Wohnung nach der Fertigstellung aussehen soll. Wenn Sie diese Unterlagen nicht verstehen, sollten Sie sich durch Architekten, Sachverständige, Makler, den Bauträger selbst oder die Bau-Wohn-Beratung einer Verbraucher-Zentrale die Unterlagen erklären lassen. Bei einer fertigen Wohnung haben Sie es leichter, denn die können Sie im fertigen Zustand besichtigen.

☐ Sie können die Eigentumswohnung auch als Zweiterwerber

kaufen. Zweiterwerber sind Sie, wenn bereits vorher ein anderer die Wohnung erworben hat und diese Wohnung dann wieder verkauft. Auch in diesem Fall haben Sie die Möglichkeit, sich die Wohnung, das Gesamtgebäude und die Mitbewohner vor dem Erwerb anzusehen.

☐ Die Wohnung kann auch aus der Umwandlung einer Mietwohnung in Wohnungseigentum entstanden sein. Doch Vorsicht: Bei diesen Wohnungen gehen Sie ein größeres Risiko ein, da es sich fast ausschließlich um Altbauwohnungen handelt, die teilweise auch noch von den bisherigen Mietern bewohnt sind. Falls Sie selbst in einer solchen Mietwohnung wohnen und überlegen, ob Sie nach der Umwandlung kaufen wollen, sollten Sie aufmerksam Kapitel 13 dieser Broschüre lesen.

Einen guten Überblick über die Angebote finden Sie im Anzeigenteil der Tageszeitungen. Sie können sich auch an einen Makler, einen Bauträger oder an ein Wohnungsunternehmen wenden.

Damit deren Angebote Ihrem persönlichen Bedarf entsprechen, sollten Sie vor der Anfrage überlegen und möglichst schriftlich festlegen:

☐ Wie groß soll die Wohnung nach Raumzahl und Raumgröße sein?

☐ Was darf die Wohnung kosten? Hier müssen die Kosten des Erwerbs einschließlich Nebenkosten berücksichtigt werden. Sehr wichtig ist es, auch die späteren Kosten nach Bezug der Wohnung (zum Beispiel Hausgeld, Zinsen, Tilgungsdienst) zu beachten. In Kapitel 6 erfahren Sie dazu mehr.

☐ Wo soll die Wohnung liegen? Fahrtmöglichkeiten zum Arbeitsplatz, zur Schule etc. müssen berücksichtigt werden.

☐ Wie sollen Wohnung und Gebäude ausgestattet sein?

3 Kaufmotive

Dürfen wir Sie mal was fragen? Aus welchem Grund wollen Sie eine Eigentumswohnung kaufen? Soll die Wohnung nur eine vorübergehende Bleibe sein, oder wollen Sie eine Entscheidung auf Lebenszeit treffen? Oder wollen Sie die Wohnung gar nicht selbst nutzen, sondern sie vermieten?

Welchem der folgenden Eigentümerkreise gehören Sie wohl an?

Der "verhinderte" Hausbesitzer

Ist Ihr Herzenswunsch eigentlich das Eigenheim? Allerdings fehlt Ihnen zur Zeit das Kapital oder das geeignete Grundstück für Ihr Traumhaus. Der heimliche Wunsch nach diesem Haus wird bleiben, und wenn irgendwann die Voraussetzungen zur Erfül-

lung dieses Wunsches gegeben sind, dann werden Sie Ihre Eigentumswohnung wieder verkaufen und ins Einfamilienhaus ziehen.

Der interessierte Selbstnutzer ...

... hat sich bewußt für Wohnungseigentum entschieden. Er wird die Eigentumswohnung selbst nutzen und bemüht sein, die Eigentumsanlage zu pflegen. Zu diesem Käufertyp gehören auch ältere Menschen, denen die Unterhaltung eines Hauses zu beschwerlich oder zu teuer geworden ist. Aber auch berufstätige Ehepaare und Alleinstehende, die die Pflege und Erhaltung des Gebäudes gern Dienstleistungsbetrieben überlassen, gehören zu diesem Eigentümerkreis. Dieser Käufertyp weiß vor dem Erwerb bereits, daß er nicht allein im Haus wohnt und sich auch in eine Gemeinschaft mit anderen Eigentümern einfügen muß.

Der Rendite-Typ ...

... hat den Wunsch, Geld in Immobilien anzulegen. Er wird nie selbst die Eigentumswohnung beziehen, sondern sie immer als Anlageobjekt betrachten und hoffen, daß sie eine möglichst hohe Rendite abwirft. Seine Entscheidungen bei der Eigentümerversammlung wird er auch von diesem Renditedenken abhängig machen. Falls er überhaupt erscheint. Denn oft wohnen die Eigentümer selbst nicht am Standort der Wohnungseigentumsanlage.

Sie merken schon: Für die Kaufentscheidung ist es wichtig, sich darüber Klarheit zu verschaffen, warum die Eigentumswohnung erworben werden soll. Sie müssen sich vor der Entscheidung vertraut machen mit den Besonderheiten des Wohnungseigentums und mit den Grundregeln des Zusammenlebens mit den Miteigentümern. Informieren Sie sich über die Rechte und Pflichten in einer Eigentümergemeinschaft. Sagen Ihnen diese Regeln zu, dann können Sie eine Kaufentscheidung treffen, die Sie später – hoffentlich – nicht bereuen.

4 Begriffe begreifbar gemacht

Jedes Wohnungseigentum besteht aus

☐ dem gemeinschaftlichen Eigentum und

☐ dem Sondereigentum.

Die beiden Begriffe sind unlöslich miteinander verbunden. Unabdingbar ist im Wohnungseigentumsgesetz festgelegt, daß das Sondereigentum ohne den Anteil am gemeinschaftlichen Eigentum nicht veräußert oder belastet werden kann.

4.1 Gemeinschaftliches Eigentum

Grundsätzlich gehören zum gemeinschaftlichen Eigentum:

☐ das Grundstück,

☐ die Teile des Gebäudes, die für dessen Bestand erforderlich sind (zum Beispiel tragende Wände, Decken),

☐ die Teile des Gebäudes, die für dessen Sicherheit erforderlich sind (zum Beispiel Hauseingangstüren, Außenfenster) und

☐ die Anlagen und Einrichtungen, die dem gemeinschaftlichen Gebrauch der Wohnungseigentümer dienen (zum Beispiel gemeinschaftliches Treppenhaus, Hauszugangswege).

Dies gilt auch für die Teile, die sich als gemeinschaftliches Eigentum im Bereich der im Sondereigentum stehenden Räume befinden (zum Beispiel Schornstein- und Entlüftungszüge). Sie sollten daher als Erwerber einer Eigentumswohnung Erkundigungen darüber einziehen, welche Teile noch zum gemeinschaftlichen Eigentum gehören. Denn diese Teile dürfen nur mit Zustimmung der anderen Miteigentümer verändert werden. Dies gilt auch für den Bereich der äußeren

15

Gestaltung (zum Beispiel Anbringen von Markisen). Zum gemeinschaftlichen Eigentum gehört auch das Geld- und Vorratsvermögen der Gemeinschaft (zum Beispiel Instandhaltungsrückstellung, Heizöl). Die Gemeinschaft der Wohnungseigentümer ist verpflichtet, das gemeinschaftliche Eigentum zu pflegen, zu warten und in seinem Wert zu erhalten. Es können jedoch durch die Gemeinschaftsordnung oder durch Vereinbarungen für Einzelteile des gemeinschaftlichen Eigentums anliegenden Eigentümern die Pflege, die Wartung und sogar die Neubeschaffung dieser Teile nach Abnutzung oder Verlust übertragen werden (zum Beispiel bei Außenfenstern). Das ändert jedoch nichts daran, daß diese Teile Gemeinschaftseigentum sind und bleiben.

Sie sollten sich als Erwerber also erkundigen, ob Sie Pflege- und Ersatzverpflichtungen am ge-

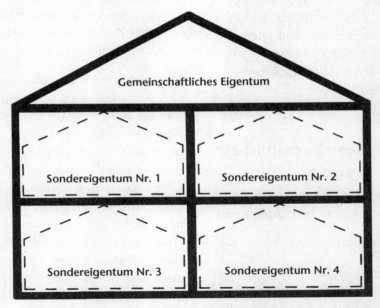

Gemeinschaftliches Eigentum

Sondereigentum Nr. 1

Sondereigentum Nr. 2

Sondereigentum Nr. 3

Sondereigentum Nr. 4

Wohnungseigentum ist DAS HAUS IM HAUS. Der Wohnungseigentümer ist alleiniger "Herr" in seiner Wohnung, jedoch nicht alleiniger "Herr" im Haus.

meinschaftlichen Eigentum übernehmen müssen – dies könnte auch ein finanzielles Problem darstellen.

4.2 Sondereigentum als Wohnungseigentum oder als Teileigentum

Sondereigentum bedeutet für den Eigentümer echtes Alleineigentum. Es gewährt Herrschaftsrecht über die im Sondereigentum stehenden Gebäudeteile. Sondereigentum ist damit das Gegenstück zum gemeinschaftlichen Eigentum. Gegenstand des Sondereigentums sind die in der Teilungserklärung als Sondereigentum bezeichneten Räume sowie die zu diesen Räumen gehörenden Bestandteile des Gebäudes, die verändert, beseitigt oder eingefügt werden können, ohne daß dadurch

☐ die äußere Gestaltung des Gebäudes verändert wird,

☐ das gemeinschaftliche Eigentum beeinträchtigt wird und

☐ ein auf dem Sondereigentum beruhendes Recht eines anderen Eigentümers über das bei einem geordneten Zusammenleben unvermeidliche Maß hinaus beeinträchtigt wird.

Jeder Wohnungseigentümer kann, soweit nicht das Gesetz oder Rechte Dritter entgegenstehen, mit den im Sondereigentum stehenden Gebäudeteilen nach Belieben verfahren, insbesondere diese bewohnen, vermieten, verpachten oder in sonstiger Weise nutzen.

Hier kann allerdings die Gemeinschaftsordnung Einschränkungen machen! Danach sollten Sie sich als Erwerber erkundigen beziehungsweise daraufhin die Gemeinschaftsordnung sorgfältig lesen.

Wohnungseigentum ist das Sondereigentum an einer Wohnung in Verbindung mit dem Miteigentumsanteil an dem gemeinschaftlichen Eigentum, zu dem es gehört.

Teileigentum ist das Sondereigentum an nicht zu Wohnzwecken dienenden Räumen eines Gebäudes in Verbindung mit dem Miteigentumsanteil an dem gemeinschaftlichen Eigentum, zu dem es gehört. Für das Teileigentum gelten dieselben Vorschriften, die für das Wohnungseigentum eingeführt sind.

Nach dem hier auszugsweise wiedergegebenen Text des § 14 Wohnungseigentumsgesetz ist jeder Wohnungseigentümer verpflichtet:

1. die im Sondereigentum stehenden Gebäudeteile so instand zu halten und von diesen nur in solcher Weise Gebrauch zu machen, daß dadurch keinem anderen Wohnungseigentümer über das bei einem geordneten Zusammenleben unvermeidliche Maß hinaus ein Nachteil erwächst,

2. für die Einhaltung der vorstehend bezeichneten Pflichten für Personen zu sorgen, die seinem Hausstand oder Geschäftsbetrieb angehören, denen er sonst die Benutzung der im Sonder- oder Miteigentum stehenden Grundstücks- oder Gebäudeteile überläßt (zum Beispiel Mieter oder Pächter),

3. das Betreten und die Benutzung der im Sondereigentum stehenden Gebäudeteile zu gestatten, soweit dies zur Instandhaltung und Instandsetzung des gemeinschaftlichen Eigentums erforderlich ist. Sollten dem Eigentümer hierdurch Schäden entstehen, so sind diese zu ersetzen.

Sondereigentum ist der lichte Raum plus ein Teil der umschließenden Flächen der zum Gegenstand des Sondereigentums erklärten Räumlichkeiten. Es stellt somit keine Fläche dar, sondern einen umbauten Raum, der von Boden, Decken und Wänden umschlossen wird. Für die Erhaltung des Sondereigentums hat der Wohnungseigentümer selbst zu sorgen.

Sie sollten deshalb vor dem Erwerb feststellen, ob die Bausubstanz des Sondereigentums schlecht gepflegt ist. Dann kann der Verkäufer die Instandhaltung noch durchführen. Andernfalls müssen Sie dieses Sondereigentum aus eigener Kasse in Ordnung bringen.

5 Wichtige Lektüre vor dem Kauf

Wenn Sie sich für eine Eigentumswohnung interessieren, sollten Sie vor einer Kaufentscheidung die folgenden Unterlagen einsehen, gründlich studieren und sich eventuell erläutern lassen:

☐ die Wohnungs- oder Teileigentumsgrundbuchblätter,

☐ die Teilungserklärung,

☐ die Gemeinschaftsordnung,

☐ den Aufteilungsplan,

☐ die Abgeschlossenheitsbescheinigung,

☐ die Gebrauchsregelung,

☐ die Hausordnung sowie

☐ die Niederschriften und Protokolle über die Wohnungseigentümerversammlungen mit Beschlußfassung.

Die nachfolgenden Begriffserläuterungen sind kein juristischer Kommentar zum Wohnungseigentumsgesetz. Die Begriffe sind jedoch Bestandteil des Gesetzes. Für den, der eine Eigentumswohnung erwirbt, ist es zwingend erforderlich, daß er Einblick in die nachfolgend erläuterten Unterlagen nimmt, denn die darin aufgeführten Grundlagen bestimmen sein künftiges Wohnungseigentum. Wo die Unterlagen eingesehen werden können bzw. wer sie zur Verfügung stellt, ist am Schluß dieses Kapitels in einer Zusammenfassung aufgelistet.

Einen unbedingten Rechtsanspruch auf Bereitstellung der Unterlagen haben Sie nicht. Sie können aber Ihre Kaufentscheidung davon abhängig machen, daß man Ihnen Einblick oder Zugang zu den Unterlagen gibt oder verschafft. Die Grundbuchämter der Amtsgerichte geben Einblick in die Grundbuchunterlagen, wenn ein berechtigtes Interesse vorliegt (zum Beispiel Nachweis von Kaufinteresse). Verwalter von Wohnungseigentum müssen dem jeweiligen Eigentümer, nicht jedoch dem Kaufinteressenten Einblick in die Verwaltungsunterlagen geben und ihm gegen Kostenerstattung auch Kopien der Unterlagen aushändigen. Der Verkäufer hat jedoch auch Unterlagen im eigenen Besitz, die er vorzeigen oder kopieren kann.

5.1 Wohnungs- und Teileigentumsgrundbuch

Grundsätzlich müssen für jedes Wohnungseigentum ein eigenes Grundbuchblatt und für jedes Teileigentum ein eigenes Teileigentumsgrundbuchblatt beim zuständigen Grundbuchamt angelegt und

aufbewahrt werden. Dort werden nicht nur die Miteigentumsanteile am gemeinschaftlichen Eigentum verzeichnet, sondern auch die Bezeichnungen des zugehörigen Sondereigentums. Hier kann auch abgelesen werden, wer grundbuchlicher Eigentümer ist.

5.2 Teilungserklärung

Unter der Teilungserklärung versteht man die eigentumsmäßige Aufteilung der Wohnungseigentumsanlage. In ihr ist festgelegt, welche Räume und Gebäudebestandteile zur einzelnen Eigentumseinheit gehören. Die Teilungserklärung muß im Grundbuch eingetragen werden. Sie kann nur geändert werden durch notariell beurkundete Erklärungen, an denen alle Wohnungseigentümer zustimmend mitgewirkt haben. Auch die Änderungen müssen zur Wirksamkeit im Grundbuch eingetragen werden.

Als Kaufinteressent sollten Sie daher unbedingt immer Einsicht in diese Unterlage nehmen.

5.3 Gemeinschafts- ordnung

Der Begriff "Gemeinschaftsord- nung" ist im Wohnungseigen- tumsgesetz nicht enthalten, und dennoch kommt ihm große Bedeu- tung zu. Die Gemeinschaftsord- nung ist fast immer gemeinsam mit der Teilungserklärung in einer Urkunde beim Grundbuchamt zu finden. Diese Gemeinschaftsord- nung ist sehr stark objektbezogen. Man könnte sie als Satzung eines einzelnen Wohnungseigentums bezeichnen. Mit Ausnahme der unabdingbaren Bestandteile des Wohnungseigentumsgesetzes, also jener gesetzlichen Regelungen, die für Wohnungseigentum allgemein gelten, können hier Sachverhalte eingetragen werden, die sich auf das konkrete Objekt beziehen. Wie schon bei der Teilungserklärung, so kann auch bei der Gemeinschafts- ordnung eine Änderung nur durch bejahende Zustimmung aller Mit- eigentümer und Eintragung in das Grundbuch erfolgen.

Was kann nun abweichend von der gesetzlichen Regelung in der Ge- meinschaftsordnung vereinbart werden? Grundsätzlich sind das alle Fragen der ordnungsgemäßen Verwaltung, insbesondere aber Probleme

- ☐ der Nutzungsregelung des Gemeinschaftseigentums und des Sondereigentums,

- ☐ der Lasten- und Kostentragung,

- ☐ des Stimmrechtes und des Stimmanteils in der Eigentümer- versammlung,

- ☐ der Sondernutzungsrechte an bestimmten Bereichen sowie

- ☐ der Verwaltung und des Verwal- ters des gemeinschaftlichen Eigentums.

Da es sich hier teilweise um Rege- lungen handelt, die erheblich vom Text des Wohnungseigentumsge- setzes abweichen und die darüber hinaus lange gültig sind, ist für Sie als Erwerber einer Eigentumswoh- nung eine gründliche Information über die Gemeinschaftsordnung sehr wichtig. Nicht zuletzt hängen hiervon Nutzungsrechte und Nut- zungsbeschränkungen Ihres künfti- gen Eigentums ab.

5.4   Aufteilungsplan

Auch der Aufteilungsplan ist Bestandteil der beim Grundbuchamt vorliegenden Unterlagen. Im Unterschied zu den vorgenannten Dokumenten ist der Aufteilungsplan eine von der Baubehörde mit Unterschrift und Siegel oder Stempel versehene Bauzeichnung, aus der die Aufteilung des Gebäudes sowie die Lage und Größe der im Sondereigentum und der im gemeinschaftlichen Eigentum stehenden Gebäudeteile ersichtlich sind.

Beispiel eines Aufteilungsplans

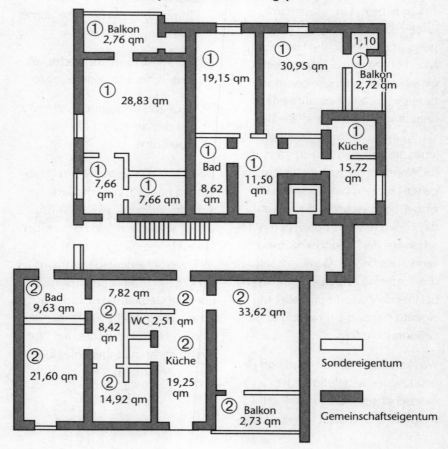

Zu ein- und demselben Wohnungseigentum gehörende Einzelräume sind im Aufteilungsplan und in der Teilungserklärung mit der jeweils gleichen Nummer gekennzeichnet (siehe ① und ② in der Abbildung). Bei bestehenden Gebäuden muß der Aufteilungsplan eine Baubestandszeichnung sein. Bei zu errichtenden Gebäuden muß der Aufteilungsplan den bauaufsichtlichen (baupolizeilichen) Vorschriften entsprechen. Diese Zeichnungen sind im Maßstab 1:100 angelegt. Aus der Bauzeichnung muß ersichtlich sein, daß die Wohnung oder die nicht zu Wohnzwecken dienenden Räume in sich abgeschlossen sind. Bei Garagenstellplätzen muß der Aufteilungsplan – gegebenenfalls durch zusätzliche Beschriftung ergänzt – ergeben, wie die Flächen der Garagenstellplätze durch dauerhafte Markierungen gekennzeichnet sind.

Für den Erwerber der Eigentumswohnung ist somit grafisch dargestellt, wo die zu erwerbende Wohnung und die Zubehörräume (zum Beispiel Vorratskeller) liegen.

Aus dem Aufteilungsplan ist jedoch nicht ersichtlich, ob innerhalb der

Umfassungswände nachträgliche bauliche Veränderungen vorgenommen wurden, die keiner Genehmigung durch Miteigentümer oder durch die Behörde bedurften. Ein Aufteilungsplan gibt also nicht unbedingt den aktuellen Zustand des Objektes wieder.

Als Kaufinteressent müssen Sie neben der Einsicht in den Aufteilungsplan auch immer eine Besichtigung vor Ort vornehmen.

5.5 Abgeschlossenheitsbescheinigung

Sondereigentum als Wohnungseigentum oder Teileigentum darf nach dem Wohnungseigentumsgesetz nur eingeräumt werden, wenn die Wohnungen oder die sonstigen Räume, die nicht zu Wohnzwecken dienen, in sich abgeschlossen sind. Garagenstellplätze gelten als abgeschlossene Räume, wenn ihre Flächen durch dauerhafte Markierungen ersichtlich sind.

Bisher waren die Anforderungen für die Erteilung der zur Umwandlung von Miet- in Eigentumswohnungen notwendigen Abgeschlossenheitsbescheinigungen sehr hoch. So konnten die Kommunen die auch zur Umwandlung von Altbau- in Eigentumswohnungen erforderliche Abgeschlossenheitsbescheinigung versagen, wenn Brand-, Wärme- und Schallschutz den aktuellen bauordnungsrechtlichen Vorschriften des jeweiligen Bundeslandes nicht mehr genügten. Einerseits wurde damit die Schaffung von mehr Eigentumswohnungen verhindert, andererseits war dies jedoch ein wirkungsvolles Instrument zum Schutz der – häufig älteren und ärmeren – Mieter in Altbauwohnungen und damit gegen Umwandlungs-Spekulationen.

Durch eine Entscheidung des Gemeinsamen Senats der Obersten Gerichtshöfe (Az.: GmS-OGB 1/91) wurden die Anforderungen an die Abgeschlossenheitsbescheinigung mittlerweile deutlich herabgesetzt und somit die Umwandlung von Altbau- in Eigentumswohnungen erleichtert: "Wohnungen und sonstige Räume in bestehenden Gebäuden können auch dann im Sinne von § 3 Abs. 2 Satz 1 WEG in sich abgeschlossen sein, wenn die Trennwände und Trenndecken nicht den Anforderungen entspre-

chen, die das Bauordnungsrecht des jeweiligen Bundeslandes aufstellt."

Als Erwerber erhalten Sie beim Einblick in den Aufteilungsplan in der Regel auch Kenntnis über das Vorliegen der Abgeschlossenheit für die zum Kauf vorgesehene Eigentumswohnung.

5.6 Gebrauchsregelung

Gebrauchsregelungen können, müssen jedoch nicht getroffen werden. Das gilt sowohl für das Sondereigentum als auch für das gemeinschaftliche Eigentum. In jedem Fall müssen Sie sich als Erwerber über gegebenenfalls vorliegende Gebrauchsregelungen informieren, denn durch diese Regelung kann die sonst freie Nutzung Ihres Eigentums eingeschränkt werden. Außerdem erfahren Sie hier auch, in welcher Weise die neben, über und unter Ihrer Eigentumswohnung liegenden Einheiten genutzt werden können (zum Beispiel als Arztpraxis oder als Spielhalle). Das kann für Ihre Kaufentscheidung von erheblicher Bedeutung sein, falls Sie zum Beispiel kein Fischgeschäft oder keine Diskothek in unmittelbarer Nachbarschaft haben wollen.

Die Wohnungseigentümer können den Gebrauch des Sondereigentums und des gemeinschaftlichen Eigentums durch Vereinbarungen regeln. Das geschieht meist schon in der Gemeinschaftsordnung. Spätere Vereinbarungen oder Änderungen dieser Ordnung sind möglich. Sie bedürfen jedoch immer der Zustimmung aller Wohnungseigentümer (Allstimmigkeit).

Fehlt eine Gebrauchsregelung durch Gemeinschaftsordnung oder durch Vereinbarung, dann können die Wohnungseigentümer durch Mehrheitsbeschlüsse in der Eigentümerversammlung beschließen, wie Sondereigentum und gemeinschaftliches Eigentum entsprechend ihrer Beschaffenheit genutzt werden sollen. Diese "Beschlüsse" sind festgehalten in den Protokollen (Niederschriften) aller Eigentümerversammlungen.

Wenn beim Grundbuchamt keine Vereinbarung vorliegt, dann müssen Sie in die Protokollsammlung der Eigentümerversammlungen schauen, ob dort ein Beschluß der Eigentümer über die Gebrauchsregelung vorhanden ist.

Eine lediglich vom Verkäufer mündlich abgegebene Erklärung reicht nicht aus und sollte in keinem Fall akzeptiert werden, da vorliegende "Beschlüsse" auch gegen den Nachfolger des Wohnungseigentümers – also gegen den neuen Erwerber – gelten, auch wenn sie nicht im Grundbuch stehen.

5.7 Hausordnung

Da durch die Hausordnung das Zusammenleben zwischen den Nutzern des Wohnungseigentums geregelt ist, sollten Sie sich vor dem Erwerb unbedingt Kenntnis davon verschaffen, welche Hausordnung für die Wohnungseigentumsanlage zum Zeitpunkt der Besitzübergabe gültig ist.

Auch bei der Hausordnung sind zwei Wege möglich, nach denen sie gültig wird:

☐ Nach dem Wohnungseigentumsgesetz gehört die Aufstellung einer Hausordnung zu den Aufgaben einer ordnungsgemäßen, dem Interesse der Gesamtheit der Wohnungseigentümer entsprechenden Verwaltung. Sie kann innerhalb der Eigentümerversammlung beschlossen werden. Der Verwalter hat durch das Gesetz die Aufgabe bekommen, für die Durchführung dieser beschlossenen Hausordnung zu sorgen. Eine beschlossene Hausordnung muß Bestandteil der Beschlußsammlung über die Eigentümerversammlungen sein. Dieser Beschluß kann später durch andere Mehrheitsbeschlüsse geändert werden. Er steht nicht im Grundbuch.

☐ Anders verhält es sich, wenn die Hausordnung Bestandteil der Gemeinschaftsordnung oder einer späteren Vereinbarung ist. Dann kann sie nur durch Zustimmung aller Wohnungseigentümer geändert werden, und hierzu muß auch noch eine Grundbucheintragung erfolgen.

Als Erwerber sollten Sie sich darüber informieren,

☐ welchen Inhalt die Hausordnung hat (siehe Kapitel 13.3),

☐ ob sie durch Mehrheitsbeschluß zustande gekommen und in der Beschlußsammlung enthalten ist oder ob sie vereinbart wurde und aus dem Grundbuch ablesbar ist.

Da der Inhalt der Hausordnung das Zusammenleben mit den anderen Wohnungseigentümern stark beeinflußt, sollten Sie ihr besondere Aufmerksamkeit schenken.

5.8 Niederschriften und Protokolle

Sie können aus diesen Unterlagen erkennen, welchen Einfluß die Beschlüsse auf "Ihr" Wohnungseigentum haben. Allerdings wird dieses Erkennen für Sie dadurch erschwert, daß sich bei älteren Anlagen eine Fülle von Niederschriften angesammelt hat und nur die letztgültige Beschlußfassung für Sie maßgebend ist.

Die Niederschriften müssen beim Verwalter dauerhaft gesammelt werden. In manchen Objekten erhalten auch die Einzeleigentümer Durchschriften dieser Protokolle.

Zweck der Niederschriften über die Wohnungseigentümerversammlungen ist es, später einen Nachweis darüber zu haben, was in der Eigentümerversammlung

☐ entweder mit Mehrheit beschlossen worden ist und später durch anderslautenden Beschluß der Mehrheit wieder geändert werden kann

☐ oder durch Zustimmung aller, auch der nicht in der Versammlung Anwesenden, vereinbart wurde und später nur wieder durch Allstimmigkeit aller Eigentümer geändert werden kann.

Diese Niederschriften sollten vom Grundsatz her Ergebnisprotokolle und keine Erlebnisprotokolle sein. Die gesetzlichen Bestimmungen über die Niederschriften sind allerdings sehr knapp gehalten und geben wenig Hinweise über ihre Art. Ein Erwerber muß sich somit erst in diese Beschlußsammlungen einlesen.

In den Niederschriften können Gebrauchsregelungen enthalten sein, Hausordnungen erscheinen, Zustimmungen und Ablehnungen bei Verkäufen und Vermietungen stehen. Aus ihnen ist auch die wirtschaftliche Seite (Wirtschaftspläne und Abrechnungen) abzulesen. Hier ist nachlesbar, ob große Hausgeldrückstände vorliegen und wieviel in der Instandhaltungsrückstellung vorhanden ist.

Das Studium der Niederschriften ist für Sie sehr zeitaufwendig. Aber wenn Sie eine besonnene Entscheidung, auch hinsichtlich des finanziellen Risikos, treffen möchten, dann sollten Sie auf dieses "Nachlesen" keinesfalls verzichten.

Grundbuchämter (Amtsgerichte/Amtsnotariate) müssen Grundbucheinsicht gewähren, wenn Sie als Käufer ein berechtigtes Interesse nachweisen.

Zusammenfassung

Begriff	Wo archiviert?	Wie erhältlich?
Wohnungs- und Teil-eigentumsgrundbuch	Grundbuchamt (Amtsgericht)	Einsicht bei Nachweis von berechtigtem Interesse
Teilungserklärung	Grundbuchamt oder Verwalter oder Verkäufer	wie vor oder durch Alteigentümer oder Hergabe durch Verkäufer
Gemeinschafts-ordnung	Grundbuchamt oder Verwalter oder Verkäufer	wie vor oder durch Alteigentümer oder Hergabe durch Verkäufer
Aufteilungsplan	Grundbuchamt oder Verwalter oder Verkäufer	wie vor oder durch Alteigentümer oder Hergabe durch Verkäufer
Abgeschlossenheits-erklärung	Grundbuchamt oder Verwalter oder Verkäufer	wie vor oder durch Alteigentümer oder Hergabe durch Verkäufer
Gebrauchsregelung	Verwalter oder Verkäufer	durch Alteigentümer oder Hergabe durch Verkäufer
Hausordnung	Verwalter oder Verkäufer	durch Alteigentümer oder Hergabe durch Verkäufer
Beschlüsse der Eigentümerversamm-lung (Niederschrift)	Verwalter oder Verkäufer	durch Alteigentümer oder Hergabe durch Verkäufer

6 Was Sie vor dem Kauf wissen müssen

Wenn Sie diese Vorinformationen nicht davon abgebracht haben, eine Eigentumswohnung zu kaufen, dann gilt es, einigen Dingen Aufmerksamkeit zu schenken, die mit den Besonderheiten des Wohnungseigentums zusammenhängen. Diese haben nicht nur eine Bedeutung für die gesamte Eigentümergemeinschaft, sondern wirken sich auch auf das Einzeleigentum aus. Es ist also ratsam, daß Sie sich vor Abschluß des Kaufvertrages mit diesen Besonderheiten vertraut machen.

6.1 Verwalter und Verwaltervertrag

Nach dem Wohnungseigentumsgesetz muß jede Wohnungseigentümergemeinschaft zwingend einen Verwalter haben. Je nach Größe und Anzahl der Wohnungen in einem Gesamtobjekt kann dies ein Verwalter sein, der sich hauptberuflich mit den Verwalteraufga-

ben beschäftigt. Das Wohnungseigentumsgesetz schreibt nicht zwingend den hauptberuflichen Verwalter vor. Sein Einsatz ist jedoch bei mittleren und größeren Anlagen ratsam. Bei kleineren Einheiten wird manchmal der Verwalter auch aus den Reihen der Eigentümer bestellt. Die maximale Dauer einer Verwalterbestellung ist fünf Jahre. Eine Wiederbestellung ist jedoch zulässig. Das Gesetz sagt nichts aus über die Qualifikation des Verwalters.

Schauen Sie sich doch einmal an, wer Ihr Verwalter sein wird und wie er bisher seine Aufgaben erfüllt hat, denn immerhin verwaltet er ja später auch einen Teil Ihres Vermögens.

Ein Einblick in die Abrechnungsunterlagen läßt oft schon erkennen, wie der Verwalter seine Aufgaben erfüllt. Wenn diese Abrechnungsunterlagen sauber und übersichtlich erstellt sind, dann kann erwartet werden, daß dieser Verwalter auch sonst seine Aufgaben gewissenhaft durchführt. Sollten Sie bei ihm aber eine "Waschkorbsammlung" der Unterlagen vorfinden, dann ist zu bezweifeln, daß die Verwaltung ordentlich ist.

Der Verwalter wird durch Mehrheitsbeschluß der Wohnungseigentümer bestellt. Mit ihm wird im Normalfall ein Verwaltervertrag abgeschlossen. Das aus dem Gesetz vorgeschriebene Aufgabenpaket des Verwalters besteht aus:

- [ ] der Durchführung der Wohnungseigentümerbeschlüsse,

- [ ] der Mitwirkung bei der ordnungsgemäßen Instandhaltung und Instandsetzung des gemeinschaftlichen Eigentums einschließlich Einleitung von Sofortmaßnahmen bei Notfällen und

- [ ] der Verwaltung gemeinschaftlicher Gelder einschließlich Aufstellung eines Wirtschaftsplanes und einer Abrechnung über den Wirtschaftsplan.

Im Verwaltervertrag können ihm weitere Aufgaben und Vollmachten übertragen werden. Da der Verwaltervertrag hin und wieder auch

Bestandteile enthält, die eigentlich in der Gemeinschaftsordnung stehen sollten, lohnt es sich, wenn Sie sich den Verwaltervertrag durch den Verkäufer zeigen lassen.

6.2 Zusammensetzung des Verwaltungsbeirates

In jeder Eigentümergemeinschaft kann ein Verwaltungsbeirat aus Eigentümern gewählt werden. Er muß jedoch nicht vorhanden sein. Dieser Beirat ist oft die erste Ansprechstelle für andere Wohnungseigentümer. Die Mitglieder des Verwaltungsbeirates wohnen meist selbst in der Eigentumsanlage.

Ein Verwaltungsbeirat hat die Aufgabe, den Verwalter bei der Durchführung seiner Aufgaben zu unterstützen. Ferner übernimmt der Beirat Vorprüfungsaufgaben beim Wirtschaftsplan, bei der Abrechnung und bei Kostenvoranschlägen. Der Verwaltungsbeirat ist kein Organ, das eigenständig für die anderen Eigentümer Beschlüsse fassen kann, da diese Aufgabe von den Eigentümern selbst in der Eigentümerversammlung übernommen wird.

Sie sollten sich als Kaufinteressent für die Zusammensetzung dieses Beirates interessieren. Versuchen Sie doch einmal, Kontakt mit einem Mitglied des Beirates aufzunehmen. Diese Personen sind in der Regel besonders gut mit den Verhältnissen der Eigentumsanlage vertraut. Der Beirat ist allerdings nicht zu Auskünften verpflichtet.

Beirat

6.3 Veräußerungs- beschränkungen

In der Gemeinschaftsordnung kann vereinbart werden, daß ein Wohnungseigentümer zur Veräußerung seines Wohnungseigentums der Zustimmung anderer Wohnungseigentümer oder eines Dritten (zum Beispiel des Verwalters) bedarf. Diese Zustimmung darf nur aus wichtigem Grund versagt werden. Falls eine solche Veräußerungsbeschränkung vorliegt, sind ein Verkauf des Wohnungseigentums und ein Vertrag, durch den sich ein Wohnungseigentümer zum Verkauf verpflichtet, unwirksam, solange nicht die erforderliche Zustimmung erteilt ist. Es ist sogar möglich, daß über die Veräußerung hinaus auch die Vermietung von der Zustimmung abhängig gemacht wird.

Fragen Sie daher unbedingt Ihren Verkäufer, ob eine Veräußerungsbeschränkung oder eine Vermietungsbeschränkung vorliegt.

Außerdem kann ein Einblick in die Gemeinschaftsordnung Ihnen in dieser Frage Auskunft geben. Aus verschiedenen Gründen sollten Sie sich für dieses Problem interessieren:

☐ Zum einen wird Ihre eigene Erwerbsabsicht hiervon beeinflußt, denn es muß auch die Zustimmung zu Ihrer Person vorliegen, um bei Vorhandensein einer solchen Beschränkung Ihren Kaufvertrag wirksam werden zu lassen. Sie sollten deshalb eventuell auf Anfrage auch demjenigen Auskunft geben, der seine Zustimmung erteilen muß.

☐ Zum anderen kann das für den zukünftigen Eigentümer einer Eigentumswohnung bedeuten, daß er nicht an jedermann sein Eigentum verkaufen oder vermieten kann. Die sonst freie Verfügungsmöglichkeit wird durch eine solche Zustimmungsklausel eingeengt. Wenn allerdings keine Zustimmungsklausel vereinbart ist, entfällt dieses Problem.

6.4   Vollmachterteilung

Solange in der Gemeinschaftsordnung keine Einschränkung gemacht wird, kann ein Wohnungseigentümer jeder Person seines Vertrauens die Vollmacht geben, ihn in der Eigentümerversammlung zu vertreten oder für ihn seine Stimme abzugeben. Die Vollmacht ist an keine Form gebunden.

Es kann allerdings sein, daß eine Gemeinschaftsordnung hier wieder Einschränkungen vorsieht, zum Beispiel daß nur der Verwalter, der Ehegatte oder ein sonstiger Wohnungseigentümer bevollmächtigt werden dürfen.

Ein Erwerber muß dann überlegen, ob er kaufen will, denn er könnte beispielsweise als überlebender Ehegatte in einem solchen Fall nicht ohne weiteres seinem volljährigen Kind die Stimmrechtsvollmacht erteilen.

6.5   Miteigentumsanteile

Als Erwerber sollten Sie sich rechtzeitig danach erkundigen, wie hoch die Miteigentumsanteile für die von Ihnen in Aussicht genommene Wohnung sind. Das Wohnungseigentumsgesetz gibt nicht an, wie die Miteigentumsanteile berechnet werden. Es kann damit willkürlich in der Teilungserklärung durch denjenigen, der die Begründung des Wohnungseigentums vornimmt (zum Beispiel Bauherr, Bauträger oder Wohnungsunternehmen), festgelegt werden, welchen Anteil am gemeinschaftlichen Eigentum die einzelne Eigentumswohnung oder das einzelne Teileigentum hat. Meist wird der Miteigentumsanteil nach dem Verhältnis der Wohn- und Nutzfläche ermittelt und dann als Bruchteil angegeben (zum Beispiel 50/1.000).

Im Miteigentumsanteil ist einerseits der anteilige Wert am Grundstück zu sehen, und andererseits stellt der Miteigentumsanteil auch das Maß der Nutzung dar. Hierbei handelt es sich allerdings um einen ideellen Wert. Denn wenn man 50/1.000 Miteigentumsanteile hat, dann bedeutet das nicht, daß man nur einen 50/1.000 Teil der Rasenfläche betreten darf. Man darf den gesamten Rasen betreten.

Miteigentumsanteile geben den Anteil am gesamten gemeinschaftlichen Eigentum an. Sie geben allerdings nicht den Maßstab für den Kaufpreis der Einzelwohnung an.

Nach dem Wohnungseigentumsgesetz sind laut § 16 die Miteigentumsanteile der Kostenverteilungsschlüssel für die Lasten des gemeinschaftlichen Eigentums sowie die Kosten der Instandhaltung, Instandsetzung und der sonstigen Verwaltungskosten des gemeinschaftlichen Eigentums. Allerdings kann durch die Gemeinschaftsordnung oder durch eine Vereinbarung aller Eigentümer auch ein anderer Verteilungsschlüssel festgelegt werden (zum Beispiel nach m² Wohnfläche).

Aus all dem läßt sich erkennen, daß die Miteigentumsanteile dann, wenn sie Verteilungsschlüssel sind, auch für Ihre Eigentumswohnung eine Rolle spielen. Derjenige, der diese Anteile festlegt, kann damit zu Ihrem Vor- oder Nachteil auch die Mitbeteiligung an den Kosten und Lasten bestimmen.

Sie haben in der Regel keine Möglichkeit, diesen Schlüssel zu ändern, selbst wenn die Wohnung noch nicht fertiggestellt ist. Gewisse Änderungsmöglichkeiten sind in Kapitel 11 beschrieben.

6.6 Sondernutzungsrechte

Vom Grundsatz her steht im Gegensatz zum in sich abgeschlossenen Sondereigentum das gemeinschaftliche Eigentum allen Wohnungseigentümern zur Nutzung zur Verfügung. Da aber beispielsweise Terrassen von Erdgeschoßwohnungen nicht in sich abgeschlossen sind, weil ihnen seitliche Umfassungsmauern fehlen, können sie nicht Sondereigentum sein und müßten vom Grundsatz her allen Wohnungseigentümern zur Nutzung bereitgestellt werden.

Das wäre aber nicht erwünscht, daher greift man zum Hilfsmittel des Sondernutzungsrechtes.

Der Begriff "Sondernutzungsrecht" kommt im Wohnungseigentumsgesetz nicht vor. Das Sondernutzungsrecht kommt durch Vereinbarung aller Wohnungseigentümer zustande und ist meist schon in der Gemeinschaftsordnung zu finden. Es muß auch im Grundbuch eingetragen sein. Das Sondernutzungsrecht kann nur an einen Miteigentümer aus der gleichen Wohnungseigentumsanlage vergeben oder veräußert werden. Es ist beispielsweise nicht möglich, das Sondernutzungsrecht an einem Wagenabstellplatz außerhalb der Garage an einen Bewohner eines benachbarten Hauses zu verkaufen. Vermietung ist jedoch zulässig.

Inhalt des Sondernutzungsrechtes ist das Recht zum alleinigen Gebrauch und zur alleinigen Nutzung fest umschriebener Bereiche. Hauptsächlich findet man das Sondernutzungsrecht bei Erdgeschoßterrassen, Wagenabstellplätzen im Freigelände, Spitzbodenbereichen im Dachgeschoß und Gartenbereichen. Sie sollten Erkundigungen beim Verwalter oder beim Verkäufer darüber einholen, ob ein eingeräumtes Sondernutzungsrecht

☐ Ihnen Beschränkungen auferlegt bei der Nutzung des gemeinschaftlichen Eigentums (zum Beispiel Abtrennung eines Gartens vom Rasenbereich),

☐ Ihnen zusteht für die von Ihnen zu erwerbende Eigentumswohnung (zum Beispiel Erlaubnis zum Ausbau des Spitzbodens bei einer Dachgeschoßwohnung).

6.7 Kostenverteilungs-
schlüssel

Fragen Sie doch einmal Ihren Verkäufer oder den Verwalter, wie bei
der Wohnungseigentumsanlage die
Kosten der Verwaltung und der
Instandhaltung bzw. Instandsetzung sowie die Lasten des gemeinschaftlichen Eigentums verteilt
werden. Der Verkäufer kann Ihnen
auch aus seiner letzten Jahresabrechnung den Kostenverteilungsschlüssel angeben und erklären.
Der Verwalter ist verpflichtet, auf
der Grundlage gültiger Kostenverteilungsschlüssel die in der Gesamt-
abrechnung der ganzen Wohnungseigentumsanlage in Erschei-
nung tretenden Lasten und Kosten
auf die einzelnen Wohnungseigentümer anteilmäßig umzulegen.
Wenn kein abweichender Verteilungsschlüssel vereinbart ist, dann
werden die Lasten und Kosten nach
den im Grundbuch eingetragenen
Miteigentumsanteilen verteilt.

Auf der Suche nach gerechteren
Verteilungsmöglichkeiten kann
jedoch durch die Wahl anderer
Verteilungsschlüssel von der gesetz-
lich geregelten Verteilungsmöglich-
keit abgewichen werden. Für den
Erwerber müssen diese Schlüssel
aus der Gemeinschaftsordnung
oder aus einer im Grundbuch
stehenden Vereinbarung erkennbar
sein. In der Praxis findet man jedoch auch den Fall, daß ein neuer
Verteilungsschlüssel durch Mehrheitsbeschluß gültig geworden ist,
nämlich dann, wenn der Beschluß
nicht in der Frist von einem Monat
seit Beschlußfassung bei Gericht
angefochten worden ist.

Eine besondere Form der Kostenverteilung kann auch durch Einbau
von Meßgeräten (zum Beispiel
Kaltwassermesser) erfolgen. Fragen
Sie aber den Verkäufer, ob diese
Meßeinrichtung dem Verwalter zur
Kostenverteilung der Verbrauchs-
kosten dient oder ob es nur eine
Einrichtung ist, die ein einzelner
Wohnungseigentümer zur Selbst-
kontrolle des Verbrauchs eingebaut
hat und die dann nicht als allgemeiner Kostenverteilungsschlüssel
anerkannt wird.

6.8 Nutzungsarten und -beschränkungen

Teileigentum wird das Sondereigentum genannt, das nicht Wohnzwecken dient. Hierunter fällt auch der gesamte gewerbliche und beruflich genutzte Bereich. Aus diesem Bereich können Beeinträchtigungen der Betriebe und Anlagen untereinander und gegenüber dem Wohnbereich entstehen. Daher wird häufig davon Gebrauch gemacht, diese Nutzung einzuschränken.

Wie das Teileigentum genutzt werden kann, ist aus der Gemeinschaftsordnung, aber auch aus festlegenden Bezeichnungen im Aufteilungsplan durch den Erwerber abzulesen. Wenn Sie selbst Teileigentum erwerben wollen, brauchen Sie durch den Verkäufer oder den Verwalter eine verbindliche Auskunft darüber, wie Sie das Teileigentum nutzen dürfen. Andererseits werden Sie als Erwerber einer Eigentumswohnung daran interessiert sein, ob aus dem benachbarten Teileigentum Störungen durch Gerüche, Geräusche oder sonstige Einwirkungen zu erwarten sind.

Wenn beispielsweise das Teileigentum als "Laden" ausgewiesen ist, dann können Sie davon ausgehen, daß die Kunden in diesem Laden nur innerhalb der durch das Ladenschlußgesetz festgesetzten Verkaufszeiten verkehren, die Beeinträchtigung also gering ist. Wenn allerdings ein Nachtlokal im Teileigentum betrieben werden darf, dann muß einkalkuliert werden, daß aus diesem Bereich Störungen auftreten können.

Fragen Sie beim Erwerb von Teileigentum auch, ob Konkurrenzschutzklauseln vorliegen, die den Betrieb gleichgearteter Geschäfte im gleichen Objekt in Frage stellen können. Das sollten Sie auch dann erfragen, wenn Sie das Sondereigentum vermieten und wissen wollen, ob Ihr Mieter von den Regelungen beeinträchtigt wird.

Gerade bei der Nutzung ist deutlich zu erkennen, daß die Partnerschaft in einer Eigentümergemeinschaft darauf abgestellt ist, vom Wohnungs- und Teileigentum nur in solcher Weise Gebrauch zu machen, daß daraus keinem der anderen Wohnungseigentümer oder deren Mietern über das bei einem geordneten Zusammenleben unvermeidliche Maß hinaus ein Nachteil erwächst.

6.9 Wohn- und Nutzflächen

Die Größe der Wohn- und Nutzflächen ist nicht so ohne weiteres zu erfahren. Sie ist meist weder in der Teilungserklärung noch im Kaufvertrag verbindlich angegeben. Für Ihre Kaufentscheidung kann aber die Größe der Wohn- und Nutzflächen ein wichtiges Kriterium sein. Sie sollten darum die Flächen selbst ausmessen oder durch einen Sachverständigen ermitteln lassen.

Die Wohn- und Nutzflächen werden, obwohl sie nirgendwo verbindlich festgehalten sind, aber häufig für die Ermittlung des Kaufpreises zugrunde gelegt. Auch als Verteilungsschlüssel für anfallende Kosten und Lasten haben sie vielfach Bedeutung. Sofern eine Flächenberechnung vorliegt, sollte aus ihr erkennbar sein, ob sie aus den Rohbaumaßen ermittelt wurde oder aus einem Aufmaß zwischen den Innenputzflächen.

Fragen Sie doch einmal beim Verkäufer nach, ob er weiß, wie die Flächen ermittelt wurden, damit Sie sich vor Unstimmigkeiten schützen. Wenn Ihnen keine verbindliche Antwort gegeben wird, dann sollten Sie nachmessen oder messen lassen.

Bei der Flächenermittlung aus Zeichnungen müssen bei öffentlich geförderten und steuerlich begünstigten Wohnungen die Berechnungsmethoden der II. Berechnungsverordnung (II. BVO) zur Anwendung kommen. Bei freifinanzierten Wohnungen besteht dieser Zwang nicht. Hier wird meist noch die DIN 283, Blatt 2, zugrunde gelegt, obwohl sie in bestimmten Bereichen nicht mit der Berechnungsverordnung übereinstimmte und zudem nicht mehr in Kraft ist.

6.10 Ausstattung des Gemeinschafts- und des Sondereigentums

Als Kaufinteressent haben Sie die Möglichkeit, sich vor Ort über die Ausstattung der Wohnungseigentumsanlage zu informieren. Machen Sie bitte ausreichend davon Gebrauch, und versuchen Sie auch, Erkundigungen bei Mitbewohnern über Energie- und Heizkosten einzuholen.

Aber beurteilen Sie nicht nur kritisch die zu erwerbende Eigentumswohnung, sondern beziehen Sie auch das gemeinschaftliche Eigen-

tum in die Besichtigung ein, da Sie dort Miteigentümer und damit an den Kosten beteiligt werden.

Luxuriöse Ausstattungen bringen hohe Bewirtschaftungs- und Betriebskosten. Ein Erwerber zahlt bei einem eingebauten Hallenbad auch dann die Kosten mit, wenn er die Einrichtung nicht nutzt. Primitive und behelfsmäßige Ausstattungen können wiederum dazu führen, daß zu einem späteren Zeitpunkt

eine Modernisierung notwendig wird, deren Kosten in Betracht gezogen werden müssen.

Sollte das Wohnungseigentum bereits vor der Bauerstellung erworben werden, so sollten Sie sich als Erwerber (bzw. Bauherr) unbedingt darum bemühen, daß Ihnen eine Baubeschreibung ausgehändigt wird, die so umfangreich und detailliert ist, daß später bei der Fertigstellung keine Zweifel über die tatsächliche Ausführung auftreten.

Fehlen diese Angaben, so müssen sie in verbindlicher Form vor Abschluß des Kaufvertrages vom Verkäufer nachgeliefert und erläutert werden. Bei bestehenden Gebäuden und auch bei Planvorlagen sollten Sie als Erwerber einen Sachverständigen zu Rate ziehen, wenn Sie nicht sicher sind, ob die Ihnen gegebenen Erläuterungen ausreichend sind. Vor dem Kauf können immer noch Ergänzungen oder Preisminderungen durchgesetzt werden. Nach getätigtem Kauf ist das Durchsetzen von Ansprüchen hinsichtlich der Ausstattung kaum noch möglich.

6.11 Umfang und Anzahl der Wohnungen

Als Erwerber müssen Sie sich vor dem Kauf Klarheit darüber verschaffen,

☐ ob Sie als Eigennutzer in einer Eigentumsanlage wohnen wollen, die auch im übrigen Bereich nur von eigennutzenden Wohnungseigentümern bewohnt wird; um möglichst individuelle Wünsche durchsetzen zu können, werden Sie Objekte mit weniger Wohnungen in guter Wohnlage vorziehen;

☐ ob Sie die Wohnung vermieten wollen; dann sollte sie unbedingt in günstiger Entfernung zu Arbeitsplätzen, Schulen, Erholungsstätten oder zum Innenstadtbereich liegen.

Außerdem spielen folgende Gesichtspunkte eine Rolle:

☐ Kleine Anlagen sind überschaubarer, und die Verwaltung ist familiärer, so daß eigene Wünsche und Ansprüche sicher eher durchsetzbar sind.

☐ Kleine Anlagen sind jedoch unter Umständen teurer. Dies wirkt sich auch bei den laufenden Kosten aus. Achten Sie darauf!

☐ Größere Anlagen sind möglicherweise anonymer und unter Umständen undurchsichtiger in Verwaltungssachen. In einer Eigentümerversammlung mit einigen hundert Eigentümern ein besonderes Anliegen durchzusetzen, ist äußerst schwierig.

☐ Von besonderem Interesse sollte für Sie sein, ob mehrere eigenständige Wohngebäude zu einer Eigentumsanlage zusammengefaßt sind und wie die Kostenverteilung geregelt wird.

Werden nur die Kosten übernommen, die unmittelbar zum Haus gehören, oder werden gesamtschuldnerisch die Gesamtkosten der Gesamtanlage (also auch die der anderen Gebäude auf dem Grundstück) auf alle Eigentümer verteilt?

Letzteres ist zwar verwaltungsmäßig einfacher, kann für den Erwerber jedoch nachteilig und schwerer kontrollierbar sein.

6.12 Pkw-Unterstell-möglichkeiten

Das Kraftfahrzeug gehört bei den meisten Erwerbern zu den Gegenständen, auf die sie angewiesen sind. Fragen Sie daher beim Verkäufer nach, wo eine Abstellmöglichkeit in der Eigentumsanlage vorhanden ist.

Die einfachste Möglichkeit besteht aus einem offenen Abstellplatz im Freien, der angekauft, mit Sondernutzungsrecht versehen oder von der Gemeinschaft angemietet werden kann. Die Möglichkeit der Anmietung besteht auch bei einer Sammelgarage. Hier können jedoch die Stellplätze auch als Sondereigentum gekauft und gemeinsam mit der Wohnung wieder als Wohnungseigentum verkauft oder als Teileigentum mit eigenem Grundbuchblatt erworben und verkauft

werden. Im letzten Fall kann dann der Stellplatz unabhängig von der Wohnung veräußert werden. Erkundigen Sie sich beim Verkäufer danach, in welcher Form der Stellplatz zur Verfügung gestellt wird. Im letztgenannten Fall kann ein Zugewinn an Stimmen für die Eigentümerversammlung, aber auch ein Mehr an Kostenanteilen durch mehr Miteigentumsanteile verbunden sein.

Auch Motorrad-, Mofa- und Fahrradfahrer sollten nachfragen, wo sie das Fahrzeug unterstellen können und welche Kosten durch die Unterstellung entstehen.

7   Kosten und Lasten nach dem Kauf

Außer den Belastungen, die jeder Wohnungseigentümer für sein Sondereigentum als Zins- und Tilgungsleistungen, Betriebskosten und Reparaturkosten zu tragen hat, ist er an den Kosten und Lasten des gemeinschaftlichen Eigentums beteiligt durch Zahlung

☐ des Hausgeldes,

☐ der beschlossenen Sonderumlagen,

☐ der angemessenen Beiträge zur Instandhaltungsrückstellung.

Er ist aber auch an eventuellen Erträgen aus dem Gemeinschaftseigentum beteiligt.

Zusätzliche Kosten können auf den Wohnungseigentümer unter Umständen auch dann zukommen, wenn schadhaftes Gemeinschaftseigentum Schäden bei seinem Sondereigentum verursacht. Typischerweise sind dies Feuchtigkeitsschäden aufgrund mangelhafter Isolierung des Gemeinschaftseigentums (Dach-, Terrassen-, Balkonisolierung) oder durch Mauerrisse. Die Kosten für die Schadensbeseitigung im Sondereigentum trägt der Wohnungseigentümer allein, es sei denn, die Eigentümergemeinschaft verzögert notwendige Reparaturen des Gemeinschaftseigentums und verursacht dadurch zusätzliche Schäden im Sondereigentum des Wohnungseigentümers.

7.1   Hausgeld nach dem Wirtschaftsplan

Der Verwalter hat jeweils für ein Kalenderjahr einen Wirtschaftsplan aufzustellen. Dieser Wirtschaftsplan enthält

☐ die voraussichtlichen Einnahmen und Ausgaben bei der Verwaltung des gemeinschaftlichen Eigentums und

☐ die Beitragsleistungen der Wohnungseigentümer zur Instandhaltungsrückstellung.

Der Wirtschaftsplan wird, falls ein Verwaltungsbeirat eingesetzt ist, von diesem Beirat geprüft und mit einer Stellungnahme versehen. Dann entscheiden die Wohnungseigentümer in der Eigentümerversammlung, ob der Wirtschaftsplan in seiner Gesamtheit oder einzelne Positionen angenommen oder abgelehnt werden. Die Wohnungseigentümer sind nach dem Wohnungseigentumsgesetz verpflichtet, Vorschüsse zu leisten. Diese Vorschüsse werden meist Hausgeld genannt. Sie können vom Verwalter nach dem Beschluß monatlich, vierteljährlich oder in festzulegenden Zeiträumen abgerufen werden.

Im Hausgeld sind nicht die Zins- und Tilgungsbeträge enthalten, die der einzelne Erwerber für die aufgenommenen Fremddarlehen seiner Wohnung an das Finanzierungsinstitut leisten muß.

Der Gesamtwirtschaftsplan wird vom Verwalter aufgeteilt in die von den einzelnen Eigentumswohnungen und Gewerbeeinheiten zu zahlenden Teilbeträge. Dieser Einzelbescheid sollte vom einzelnen Eigentümer nochmals überprüft werden, da er die rechtliche Grundlage zur Anforderung des Hausgeldes ist. Um sich einen Überblick über die zu erwartenden Belastungen zu verschaffen, sollten Sie sich vom Verkäufer die letzte Benachrichtigung über die letzte Hausgeldanforderung zeigen lassen.

Bei Neubauten lassen sich lediglich aus Vergleichen mit bereits errichteten gleichwertigen Wohnungen durch den Bauträger oder vom Verwalter die zu erwartenden Hausgelder ermitteln.

Die Abrechnung über den Wirtschaftsplan gibt die endgültigen Zahlen bekannt. Jedes Wirtschaftsjahr endet mit einer Nullstellung, das heißt, dem Wohnungseigentümer wird nach dem Beschluß über die Abrechnung in der Eigentümerversammlung schriftlich mitgeteilt, ob er Nachzahlungen leisten muß, da die Ansätze des Wirtschaftsplanes nicht ausreichten, oder ob er Geld zurückerhält, da die Vorauszahlungen höher waren als die Ausgaben.

Die Abrechnung soll spätestens ein Jahr nach Ende des Wirtschaftsjahres vorliegen. Im Normalfall entspricht das Wirtschaftsjahr dem Kalenderjahr. Andere Regelungen sind möglich. Fragen Sie doch einmal den Verkäufer, wie der Verwalter bisher abgerechnet hat. Es kann für Sie auch von Interesse sein, ob die Abrechnung mietergerecht aufgestellt ist. Wenn keine besondere vertragliche Verpflichtung vorliegt, dann muß der Verwalter lediglich eine Abrechnung für den Wohnungseigentümer, jedoch keine Abrechnung für den Mieter machen. Wenn Sie also Ihre Wohnung vermieten wollen, dann müssen Sie sich Gedanken darüber machen, wie Sie die Abrechnung für den Mieter erstellen wollen, da sich diese ja auf den abgeschlossenen Mietvertrag beziehen muß.

7.2 Beschlossene Sonderumlagen

Der Wirtschaftsplan gibt den überschaubaren Geldmittelbedarf an. Wie beim Eigenheim, so kann auch bei der Wohnungseigentumsanlage ein Geldmittelbedarf auftauchen, der nicht vorhersehbar war. Es kann plötzlich der Heizkessel ausfallen, und eine Neuanschaffung ist nicht durch Ansätze im Wirtschaftsplan oder durch die angesparte Instandhaltungsrückstellung gedeckt.

In einem solchen Fall wird der Verwalter einen Beschluß herbeiführen, daß dieser Betrag durch eine Sonderumlage bei den einzelnen Eigentümern angefordert wird. Sonderumlagen sind immer unangenehme Leistungen, da sie fällig werden, jedoch von den Eigentümern nicht frühzeitig erkannt werden können. Es ist somit von Interesse, ob die Eigentumsanlage oft zu dem Hilfsmittel der Sonderumlage greift, denn entweder liegt dann bei diesem Objekt ein Nachholbedarf in der Instandsetzung vor, oder der Verwalter war nicht sorgfältig genug bei der Aufstellung des Wirtschaftsplanes.

Hier muß auch beachtet werden, daß gesamtschuldnerisch die Eigentümer für die Forderungen am gemeinschaftlichen Eigentum einstehen müssen, das heißt, wenn ein Miteigentümer nicht zahlt oder nicht zahlen kann, dann müssen die anderen Eigentümer für ihn einspringen. Sie erhalten jedoch ein Recht auf spätere Rückzahlung durch den betreffenden Eigentümer.

Nehmen Sie daher beim Verkäufer die Gelegenheit wahr, Einblick in die letzte Jahresabrechnung zu nehmen, denn diese weist aus, ob und in welcher Höhe Zahlungsrückstände einzelner Wohnungseigentümer vorliegen.

Wenn diese Rückstände zu hoch sind oder viele Eigentümer ihre Zahlung nicht geleistet haben, dann sollten Sie überlegen, ob Sie das Risiko eingehen, sich in eine solche Gemeinschaft einzukaufen.

7.3 Ansammlungen für die Instandhaltungsrückstellung

Zu einer ordnungsmäßigen, dem Interesse der Gesamtheit der Wohnungseigentümer entsprechenden Verwaltung gehört auch die Ansammlung einer Instandhaltungsrückstellung.

Diese Rückstellung wird in den Kaufverhandlungen meist nicht gesondert ausgewiesen und hat doch ihre Bedeutung beim Kauf einer Eigentumswohnung. Beim Ersterwerb einer neuen Eigentumswohnung wird diese Rückstellung noch nicht gebildet sein, da man erwarten kann, daß nicht unmittelbar nach Bezug eines neuen Wohnungseigentums bereits Instandsetzungsarbeiten beginnen. Nun heißt jedoch diese im Gesetz beschriebene Rückstellung nicht Instandsetzungsrückstellung, son-

dern Instandhaltungsrückstellung. Das bedeutet, daß mit diesen Beträgen die Pflege und Werterhaltung des gemeinschaftlichen Eigentums im Wege der Instandhaltung bezahlt werden soll. Die Pflege aber muß schon rechtzeitig einsetzen, um keinen aufgestauten Instandsetzungsbedarf entstehen zu lassen. Bei älteren Eigentumswohnungen sollte es selbstverständlich sein, daß eine ausreichend große Rückstellung vorhanden ist, um die anfallenden Arbeiten aus diesem Spartopf bezahlen zu können.

Sie sind gut beraten, wenn Sie sich beim Verkäufer oder beim Verwalter nachdrücklich erkundigen, wie hoch die Ansammlung der Instandhaltungsrückstellung zum Zeitpunkt des Erwerbs ist.

In einer sorgfältig aufgestellten Jahresabrechnung ist dieser Betrag sowieso ausgewiesen. Eine zu geringe Ansparung läßt erkennen, daß die Eigentümergemeinschaft keine Vorsorge für Notfälle oder auch für die normalen Instandhaltungsarbeiten getroffen hat und eventuell die Werterhaltung des gemeinschaftlichen Eigentums

vernachlässigt. Als Erwerber müßten Sie daraus schließen, daß Sie unter Umständen schon bald nach dem Kauf höhere Beträge für die Instandhaltung oder die Instandsetzung bereitstellen müssen. Ein geringer Wert kann aber auch bedeuten, daß vor kurzer Zeit bereits größere Reparaturen durchgeführt worden sind.

Wie hoch aber ist ein angemessener Betrag für die Instandhaltung je Quadratmeter Wohn- oder Nutzfläche jährlich anzusetzen? Eine Grobrechnung unter Einbeziehung der Schönheitsreparaturen geht davon aus, daß in 80 Jahren ungefähr das 1,5fache der ursprünglichen reinen Baukosten dafür aufgewendet werden muß, um den Wert eines Gebäudes in seinem Bestand zu erhalten.

Mit der Peters'schen Formel errechnet sich das wie folgt:

$$\frac{1,5 \times RBK}{80 \times m^2} = x \text{ DM pro } m^2 \text{ im Jahr}$$

Hierin bedeuten:
RBK = Reine Baukosten im Baujahr
m^2 = Wohn- oder Nutzfläche

Eine ungefähre Orientierung wären etwa zehn bis zwölf DM pro Quadratmeter pro Jahr für ein Haus Baujahr 1965. In diesem Betrag wären dann 20 bis 30 Prozent für die Schönheitsreparaturen in der eigenen Wohnung enthalten, so daß rund acht bis zehn DM als angemessener Betrag in die Instandhaltungsrückstellung fließen.

Sie sollten sich in jedem Fall den genauen Betrag errechnen lassen und die folgenden Fragen klären:

1. Welcher Betrag ist bereits in der Rückstellung angesammelt, aus dem laufende Arbeiten bezahlt werden können?

2. Welcher Betrag muß jährlich (neben Hausgeld sowie Zins- und Tilgungsleistungen) für die Ansammlung der Instandhaltungsrückstellung noch aufgebracht werden?

7.4 Erträge des Gemeinschaftseigentums

Das gemeinschaftliche Eigentum kann Erträge abwerfen durch

- ☐ vermietete Flächen des gemeinschaftlichen Eigentums (zum Beispiel Kfz-Stellplätze),

- ☐ vermietete Räume des gemeinschaftlichen Eigentums (zum Beispiel Hausmeisterwohnung) und

- ☐ vermietete Gegenstände des gemeinschaftlichen Eigentums (zum Beispiel Gemeinschaftswaschmaschine).

An diesen Erträgen sind Sie als Eigentümer anteilmäßig beteiligt. Die Beträge sind im Wirtschaftsplan und in der Jahresabrechnung über den Wirtschaftsplan aufgeführt und dort ablesbar.

8 Eigentümerversammlung, Verwalter und Verwaltungsbeirat

8.1 Eigentümerversammlung

In der Eigentümerversammlung hat der Wohnungseigentümer Gelegenheit, seine Wünsche in der Gemeinschaft vorzutragen und gleichzeitig bei der Verwaltung des Wohnungseigentums mitzuwirken. Diese demokratische Einrichtung wurde geschaffen, damit ein Sprachrohr für den einzelnen Eigentümer, aber auch für die Gemeinschaft gebildet wird. Wohnungseigentümer sind gut beraten, wenn sie diese Einrichtung auch wirklich nutzen.

Angelegenheiten, über die nach dem Wohnungseigentumsgesetz oder nach einer Vereinbarung die Wohnungseigentümer durch

Beschluß entscheiden können, werden durch Beschlußfassung in der Eigentümerversammlung geordnet. Auch ohne Versammlung ist ein Beschluß gültig, wenn alle Eigentümer ihre Zustimmung zu diesem Beschluß schriftlich erklären. Die Eigentümerversammlung wird von dem Verwalter mindestens einmal im Jahr einberufen. Zusätzlich können weitere Versammlungen durchgeführt werden, wenn dies notwendig oder vertraglich vereinbart ist.

Im Normalfall ist der Verwalter der Versammlungsleiter. Er stellt auch die Tagesordnung auf. Aus der Tagesordnung muß zweifelsfrei zu erkennen sein, worüber in der Eigentümerversammlung gesprochen wird, denn das Gesetz sagt, daß es zur Gültigkeit des Beschlusses erforderlich ist, daß der Gegenstand bei der Einberufung genau bezeichnet wird. Der Verwalter berücksichtigt im Normalfall die Wünsche der Eigentümer, die einen bestimmten Punkt in der Eigentümerversammlung erledigen wollen. Im übrigen muß eine Eigentümerversammlung dann einberufen werden, wenn dies schriftlich unter Angabe des Zweckes und der Gründe von mehr als einem Viertel der Wohnungseigentümer verlangt wird.

Die Einberufung erfolgt schriftlich an die dem Verwalter zuletzt bekanntgegebene Adresse. Sie muß nicht durch Einschreibebrief erfolgen. Es reicht eine normale Briefzustellung aus, wenn nichts anderes vereinbart ist. Die Frist der Einberufung soll, sofern keine besondere Dringlichkeit vorliegt, mindestens eine Woche betragen.

Die Versammlung ist nur beschlußfähig, wenn die erschienenen stimmberechtigten Wohnungseigentümer mehr als die Hälfte der im Grundbuch eingetragenen Miteigentumsanteile vertreten. Diese können auch durch Vollmacht nachgewiesen werden. Die Vollmacht sollte schriftlich erteilt werden. Bevollmächtigt werden kann jede Person, wenn in der Gemeinschaftsordnung oder in einer sonstigen Vereinbarung nichts anderes gesagt ist.

Ist eine solche Versammlung nicht beschlußfähig, weil nicht die erforderliche Anzahl von Miteigentumsanteilen durch persönliche Anwesenheit der Eigentümer oder durch Vollmacht nachgewiesen wird, so beruft der Verwalter eine neue Versammlung mit dem gleichen Gegenstand ein. Diese Versammlung ist ohne Rücksicht auf die Höhe der vertretenen Anteile beschlußfähig. Darauf muß bei der Einladung hingewiesen werden. Es muß auch tatsächlich eine neue Einladung erfolgen und eine Versammlung zu einem neuen Termin stattfinden. Eine Versammlung, die am gleichen Tag zu einem späteren Zeitpunkt als Wiederholungsversammlung angesetzt wird, ist anfechtbar. Wohnungseigentümer sollten daher die Ersteinladung zum Anlaß nehmen, zu dieser Versammlung zu gehen oder Vollmacht zu erteilen. Eigentümerversammlungen stellen das Parlament der Eigentümer dar. Hier können sie selbst über ihre Belange entscheiden. Wiederholungsversammlungen verzögern die Entscheidungen und kosten zusätzlich Geld.

In den Versammlungen können Vereinbarungen getroffen und Beschlüsse gefaßt werden. Für Beschlüsse ist die Mehrheit der anwesenden Stimmen erforderlich. Nach dem Gesetz hat jeder Wohnungseigentümer eine Stimme (Kopfprinzip). Steht ein Wohnungseigentum mehreren Personen gemeinsam zu, so können sie das Stimmrecht nur einheitlich ausüben. Das gilt beispielsweise für Eheleute, die beide je zur Hälfte Eigentümer einer Eigentumswohnung sind. Sie müssen gemeinsam mit "JA" oder "NEIN" stimmen, da sonst ihre Stimme ungültig ist.

Statt des Kopfprinzips kann durch Vereinbarung auch das Wertig-

keitsprinzip eingeführt werden. Wenn beispielsweise die Wertigkeit sich so ausdrückt, daß jede Wohnung eine Stimme darstellt, dann hat ein Wohnungseigentümer, der zwei Wohnungen besitzt, auch zwei Stimmen, während er nach dem Kopfprinzip nur eine Stimme gehabt hätte. Für das Wertigkeitsprinzip gibt es mehrere Gestaltungsmöglichkeiten. So ist auch eine Abstimmung nach Miteigentumsanteilen möglich, wenn sie vereinbart wird.

Beschlüsse sind in allen Fällen der ordnungsmäßigen Verwaltung zu fassen. Darüber hinausgehende Dinge müssen durch Vereinbarungen geregelt werden (zum Beispiel Einführung des Wertigkeitsprinzips bei der Abstimmung statt des Kopfprinzips, da das Wertigkeitsprinzip eine Abweichung von der gesetzlichen Regelung darstellt). Bei Vereinbarungen müssen zur Gültigkeit alle Eigentümer zustimmen (Allstimmigkeit). Vereinbarungen können nur durch weitere Vereinbarungen aufgehoben werden. Die Vereinbarung muß im Grundbuch eingetragen werden.

Neben den Mehrheitsbeschlüssen und den Vereinbarungen gibt es noch den Sonderfall, daß zu einem Punkt die Zustimmung aller Wohnungseigentümer notwendig ist, ohne daß dadurch eine Vereinbarung entsteht. Dieser einstimmig zu fassende Beschluß erscheint nicht im Grundbuch. Er tritt ein bei baulichen Veränderungen – auch bei Veränderungen der äußeren Gestaltung (zum Beispiel Anbringen von Markisen) – einer Wohnungseigentumsanlage, die über die ordnungsmäßige Instandhaltung und Instandsetzung des gemeinschaftlichen Eigentums hinausgehen.

Die Abstimmung in der Eigentümerversammlung erfolgt durch Auszählen der Stimmen. Das Abstimmungsergebnis ist dann rechtsgültig zustande gekommen, wenn der Versammlungsleiter das Ergebnis feststellt und bekanntgibt.

Ein Beschluß ist nichtig, wenn

☐ er gegen ein zwingendes gesetzliches Verbot verstößt,

☐ er einen sittenwidrigen Inhalt hat.

Ein Beschluß wird ungültig, wenn er durch den Richter der freiwilligen Gerichtsbarkeit für ungültig erklärt wird (siehe Kapitel 8.4). Dies bedeutet, daß auch anfechtbare Beschlüsse grundsätzlich so lange gültig sind, bis sie für ungültig erklärt werden. Der Antrag auf eine Entscheidung über die Ungültigkeit eines Beschlusses kann nur binnen eines Monats seit der Beschlußfassung bei Gericht gestellt werden, es sei denn, daß der Beschluß gegen eine Rechtsvorschrift verstößt, auf deren Einhaltung nicht verzichtet werden kann. Beispielsweise kann nicht auf die Verwalterbestellung verzichtet werden, da diese unabdingbar im Wohnungseigentumsgesetz verankert ist.

Über die in der Versammlung gefaßten Beschlüsse muß eine Niederschrift gefertigt werden, die vom Versammlungsleiter, einem Wohnungseigentümer und vom Beiratsvorsitzenden bzw. seinem Stellvertreter zu unterschreiben ist. Jeder Wohnungseigentümer ist berechtigt, die Niederschriften einzusehen. Die Niederschriften müssen nicht jedem Wohnungseigentümer zugestellt werden, es sei denn, daß dies ausdrücklich festgelegt ist.

Ein Erwerber wird daher manchmal nur durch Mitwirkung des verkaufenden Wohnungseigentümers Einblick in die so wichtige Niederschrift erhalten.

Ein weiteres Problem liegt darin, daß bei älteren Wohnungseigentumsanlagen die Niederschriftensammlung einen beträchtlichen Umfang erreichen kann.

8.2 Verwalter

Das Gesetz sieht zwingend vor, daß eine Wohnungseigentümergemeinschaft einen Verwalter bestellt. Wenn die Gemeinschaft nicht durch Mehrheitsbeschluß eine solche Bestellung vornimmt, kann ein Verwalter in dringenden Fällen auf Antrag eines Wohnungseigentümers oder eines Dritten, der ein berechtigtes Interesse an der Bestellung eines Verwalters hat, durch den Richter bestellt werden. Nach allgemeiner Auffassung kann jede geschäfts- und handlungsfähige natürliche und juristische Person

zum Verwalter bestellt werden. Bei der Auswahl des Verwalters sollte eine Gemeinschaft jedoch die Leistungsfähigkeit des Verwalters genau prüfen. Die Bestellung sollte nicht allein vom Honorar des Verwalters abhängig gemacht werden. Es wäre falsch, wenn ein "billiger" Verwalter bestellt wird, der dann eine "billige" Leistung bringt. Der Verwalter ist das ausführende Organ der Gemeinschaft. Er kann daher die Visitenkarte seiner Gemeinschaft sein, und Sie tun als Erwerber gut daran, sich diese Visitenkarte genau anzuschauen.

8.3 Verwaltungsbeirat

Der Verwaltungsbeirat ist grundsätzlich kein "Beschlußorgan" und auch kein "Aufsichtsrat". Nach § 29 des Wohnungseigentumsgesetzes hat der Verwaltungsbeirat die Aufgaben,

☐ den Verwalter bei der Durchführung seiner Aufgaben zu unterstützen,

☐ den Wirtschaftsplan, die Abrechnung und die Kostenanschläge zu prüfen und mit einer Stellungnahme zu versehen, bevor die Wohnungseigentümerversammlung über sie beschließt.

Der Verwaltungsbeirat hat somit nicht das "Sagen", es sei denn, die Eigentümergemeinschaft überträgt ihm in bestimmten Einzelfällen diese Beschlußbefugnis. Dies kann beispielsweise der Fall sein bei Instandsetzungsaufträgen. Um nicht in jedem Fall vor der Durchführung von Instandsetzungsarbeiten eine Eigentümerversammlung abhalten zu müssen, kann eine Eigentümergemeinschaft beschließen, daß bis zu einer festgelegten Summe im Einzelfall der Verwaltungsbeirat gemeinsam mit dem Verwalter Aufträge nach Abstimmung erteilen kann. Hier wird der Einzeleigentümer dann nicht mehr befragt. Als Erwerber sollten Sie aber darüber nachdenken, ob Sie in eine Gemeinschaft einsteigen wollen, bei der Sie nicht selbst durch Ihre Stimmabgabe bei der Auftragserteilung mitwirken können. Sie können dieses Problem auch dadurch lösen, daß Sie sich in den Beirat wählen lassen. Nur wer weiß schon vorher, ob er auch gewählt wird!

Das Vorhandensein eines Verwaltungsbeirates nimmt dem Einzeleigentümer nicht das Recht, selbst Auskünfte beim Verwalter einzuholen. Der Verwalter kann dem Einzeleigentümer zum Beispiel nicht den Einblick in die Abrechnungsunterlagen mit Hinweis darauf verwehren, daß die Unterlagen bereits durch den Verwaltungsbeirat geprüft wurden.

8.4   Freiwillige Gerichtsbarkeit

Zu wohnungseigentumsrechtlichen Fragen sind im Wohnungseigentumsgesetz eigene gerichtliche Verfahrensbestimmungen enthalten.

Das Amtsgericht, in dessen Bezirk das Grundstück liegt, entscheidet im Verfahren der freiwilligen Gerichtsbarkeit

☐ über Fälle, die sich aus den Rechten und Pflichten der Wohnungseigentümer untereinander ergeben. Einbezogen sind hier auch die Fragen der Verwaltung des Wohnungseigentums. Man beachte den Unterschied zwischen "Verwaltung" (Obliegenheit der Eigentümer) und dem "Verwalter", der eine ausführende Funktion hat;

- [ ] über Fälle, die sich aus den Rechten und Pflichten des Verwalters bei der Verwaltung des gemeinschaftlichen Eigentums ergeben;

- [ ] über die Bestellung eines Verwalters durch den Richter, wenn dieser angerufen wird;

- [ ] über die Gültigkeit von Beschlüssen. In der Frist von einem Monat ab Beschlußfassung können die Eigentümer, aber auch der Verwalter, einen Beschluß anfechten und den Antrag stellen, diesen Beschluß für ungültig zu erklären.

Eingangsstufe für die Verfahren ist das Amtsgericht. Ist eine der Parteien oder sind gar beide mit dem Prozeßergebnis unzufrieden, so besteht die Möglichkeit, bei der nächsten Instanz innerhalb einer Frist von zwei Wochen Beschwerde einzulegen, wenn die Beschwerdesumme von 1.200 DM erreicht ist.

Für die 1. und 2. Instanz besteht bei Wohnungseigentumssachen kein Anwaltszwang – weder für den Antrag noch für den Anfechtungsschriftsatz oder eine Beschwerde. In rechtlich problematischen Fragen empfiehlt sich jedoch die Beauftragung eines in Wohnungseigentumssachen erfahrenen Rechtsanwaltes, der nicht bei dem entsprechenden zuständigen Gericht zugelassen sein muß. Bei allen Gerichten sind zusätzliche Rechtsantragsstellen zu finden, in denen Beamte kostenlos helfen, Anträge und Erklärungen bei Gericht zu formulieren. Bei weiteren Wegen zum Oberlandesgericht (Rechtsbeschwerde) und zum Bundesgerichtshof ist Anwaltszwang gegeben.

Mitbestimmung im Wohnungseigentum

Wohnungseigentümerversammlung
Parlament der Wohnungseigentümer
(vorgeschrieben)

Verwalter
ausführende Stelle
(vorgeschrieben)

Verwaltungsbeirat
Hilfsinstrument
(möglich)

Freiwillige Gerichtsbarkeit
Entscheidungsstelle

9 Begründung von Wohneigentum

Wohnungseigentum "begründen" heißt, die rechtlichen Grundlagen zur Bildung einer Wohnungseigentümergemeinschaft in einer Wohnungseigentumsanlage zu schaffen.

In § 2 Wohnungseigentumsgesetz heißt es wörtlich:

"Wohnungseigentum wird

☐ durch die vertragliche Einräumung von Sondereigentum (§ 3 WEG)

oder

☐ durch Teilung (§ 8 WEG) begründet."

9.1 Begründung durch Einräumung von Sondereigentum

Mehrere Miteigentümer eines Grundstückes können sich entschließen, auf diesem Grundstück eine Wohnungseigentumsanlage zu errichten. Nach § 3 des Wohnungseigentumsgesetzes räumen sie sich dann das Sondereigentum an bestimmten Räumen ein. Das kann vor und nach der Errichtung des Gebäudes geschehen.

Diese Bildung von Wohnungseigentum ist eigentlich eine Idealform der Begründung, da hierbei die Personen mitwirken, welche später im Normalfall auch die Absicht haben, in dieser Wohnungseigentumsanlage zu wohnen. Es ist verständlich, daß diese Anlagen nur wenige Wohnungen haben, denn es wird ja vorausgesetzt, daß man vor dem Bau des Wohnungseigentums in vielen technischen, rechtlichen und finanziellen Dingen Einigkeit unter den Beteiligten erreichen muß. Im Verhältnis zur Gesamtzahl der vorhandenen Eigentumswohnungen sind solche Begründungen recht selten.

Fragen Sie doch einmal bei den Miteigentümern in der in Aussicht genommenen Eigentumsanlage nach, auf welche Art und Weise das

Wohnungseigentum zustande gekommen ist. Bei einer Begründung nach § 3 Wohnungseigentumsgesetz können Sie meist davon ausgehen, daß die Eigentümerwünsche vorrangig berücksichtigt sind.

9.2 Begründung durch Teilung durch den Eigentümer

Die Mehrzahl der erstellten Eigentumsanlagen dürften auf diesem Wege entstanden sein. Nach § 8 Wohnungseigentumsgesetz kann der Eigentümer eines Grundstücks durch eine Erklärung gegenüber dem Grundbuchamt das Eigentum an dem Grundstück in der Weise teilen, daß er Sondereigentum an Wohnungen und Räumen in Verbindung mit Miteigentum am gemeinschaftlichen Eigentum schafft. Meist geschieht das durch Bauträger, die selbst nie die Wohnungseigentumsanlage beziehen, sondern das Wohnungseigentum verkaufen. Der Verkauf kann nach Fertigstellung der Wohnungen

erfolgen. Er kann aber auch bereits erfolgen, wenn das Gebäude noch errichtet werden soll.

Es ist denkbar, daß die Teilungserklärung durch den Bauträger darauf abgestellt ist, die Wünsche des Verkäufers in den Vordergrund zu stellen. Für diesen Fall sollten Sie sich merken: Kaufen Sie nie, ohne daß die Teilungserklärung vorliegt!

Sie sollten diese Teilungserklärung und die damit zusammenhängende Gemeinschaftsordnung daraufhin kontrollieren oder durch unabhängige Sachverständige kontrollieren lassen, in welchem Umfang auch Ihre Wünsche als Käufer berücksichtigt sind, denn eine nachträgliche Änderung der beim Grundbuchamt vorliegenden Vereinbarungen ist sehr schwer. Sie bedarf immer der Zustimmung aller (Allstimmigkeit), wobei auch berechtigte Belange Dritter (zum Beispiel Hypothekeninstitut) zu berücksichtigen sind.

9.3 Umwandlung von Alt- und Mietbauten in Wohnungseigentum

Die Umwandlung ist keine besondere Art der Begründung und richtet sich ebenfalls nach § 3 bzw. § 8 Wohnungseigentumsgesetz. Bei der Umwandlung aber kommen einige Besonderheiten vor, auf die Sie als Erwerber achten sollten.

1. Vor der Umwandlung ist das Bauwerk auf aufgestauten Instandsetzungsbedarf zu untersuchen, denn der Erwerber muß nicht nur seine Wohnung in Ordnung bringen, wenn er sie im ursprünglichen Zustand kauft, er muß auch die Instandsetzung des gemeinschaftlichen Eigentums anteilmäßig mit übernehmen. Wenn die Instandsetzung nicht durch den Alteigentümer erfolgt, so muß darauf geachtet werden, daß eine ausreichende Geldmittelbereitstellung zur Behebung des aufgestauten Bedarfs vorhanden ist. Die Bedarfsfeststellung kann nur direkt am Objekt durch Ortsbesichtigung erfolgen. Meist muß

ein fachkundiger Berater (Architekt oder Sachverständiger) zur Beurteilung und zur Feststellung der entstehenden Baukosten hinzugezogen werden.

2. Kauf bricht nicht Miete. Wenn der Altmieter in der Wohnung bleiben will, so genießt er den vollen Mieterschutz aus seinem bisherigen Mietvertrag. Falls diesem auch noch die Hausordnung beigegeben ist, dann gilt für den Mieter die alte Hausordnung und nicht die beschlossene Hausordnung der Eigentümergemeinschaft. Dem Mieter kann erst nach drei Jahren (in festgelegten Ballungsgebieten nach fünf Jahren) aus Gründen des Eigenbedarfs gekündigt werden. Dazu kommt dann noch die jeweilige Kündigungsfrist, die jeder

Vermieter nach dem Bürgerlichen Gesetzbuch (BGB) einhalten muß. Weiterhin sollten Sie beachten, daß die Mieter nur die im Mietvertrag vereinbarten Betriebskosten und nicht etwa das ganze Hausgeld zahlen müssen. Instandhaltungsrückstellungen und Verwaltungskosten sind in keinem Fall umlegbar.

3. Für die Mieter des öffentlich geförderten Wohnungsbaus (Sozialer Wohnungsbau) gibt es noch zusätzliche Schutzbestimmungen. Wenn die öffentlichen Darlehen vorzeitig und vollständig zurückgezahlt werden, tritt in der Regel noch eine achtjährige Sperrfrist ein, in der diese Wohnung noch als Sozialwohnung gilt. Der Mieter einer umgewandelten Sozialwohnung hat ein gesetzliches Vorkaufsrecht. Wird also beim Notar ein Kaufvertrag geschlossen, dann muß der Mieter davon eine Kopie erhalten und kann dann in einer Frist von sechs Monaten überlegen, ob er zu den Bedingungen dieses Vertrages die Wohnung kaufen will.

Vor einem Erwerb sollten Sie daher dringend fragen, ob die Mieter die Absicht haben, die Wohnung zu kaufen. Fragen Sie auch nach, ob der Mieter auf eigene Kosten Einbauten (zum Beispiel Badeinrichtungen oder Etagenheizungen) gemacht hat, deren Kosten Sie unter Umständen ablösen müssen.

4. Welcher Modernisierungsaufwand ist im Bereich des gemeinschaftlichen Eigentums und des Sondereigentums geplant? Wie hoch sind die Kosten dafür, und wie sollen sie bezahlt werden? Über welchen Zeitraum erstrecken sich die Arbeiten? Es können für Sie unangenehme Überraschungen auftreten, wenn diese Fragen nicht vor Abschluß des Kaufvertrages geklärt sind.

10 Langfristige Bindung

10.1 Unauflöslichkeit des Wohnungseigentums

Eine Wohnungseigentümergemeinschaft ist nach dem Wortlaut des
Wohnungseigentumsgesetzes
unabdingbar unauflöslich. Kein
Wohnungseigentümer kann die
Auflösung der Gemeinschaft verlangen. Selbst wenn ein wichtiger
Grund vorliegen sollte, ist dieses
Verlangen unwirksam. Wenn jedoch alle Eigentumswohnungen in
einem Objekt einem Eigentümer
gehören, könnte er das Wohnungseigentum auflösen. Pfändungsgläu-
biger und Konkursgläubiger können ihr Recht, die Aufhebung der
Gemeinschaft zu verlangen, beim
Wohnungseigentum nicht ausüben. Damit wird Wohnungseigentum zu einer langlebigen Einrichtung. Ausnahmen von der
Unauflöslichkeit können nur für den
Fall vereinbart werden, daß ein
Gebäude ganz oder teilweise zer-
stört wird und eine Verpflichtung
zum Wiederaufbau nicht besteht.

Allerdings können Wohnungseigentümer auch durch eine Über-
einkunft aller beteiligten Eigentümer das Wohnungseigentum
auflösen.

10.2 Entziehung des Wohnungseigentums

Andere Wohnungseigentümer
können von einem Wohnungseigentümer die Veräußerung seines
Wohnungseigentums verlangen,
wenn sich dieser ihnen gegenüber
so schwerer Verletzung seiner
Pflichten schuldig gemacht hat,
daß ihnen die Fortsetzung der
Gemeinschaft nicht mehr zugemu-
tet werden kann. Da jedoch der
Eigentumsgedanke vorrangig ist,
muß schon eine wirklich schwere
Verfehlung vorliegen, da die Entziehung ja einer Enteignung gleich-
zusetzen ist.

Das Wohnungseigentumsgesetz sieht insbesondere zwei Fälle für das Entziehungsverfahren vor:

1. Der Wohnungseigentümer ist länger als drei Monate mit der Erfüllung seiner Verpflichtung zur Lasten- und Kostentragung mit einem Betrag in Verzug, der 3 Prozent des Einheitswertes seines Wohnungseigentums übersteigt. Der Grund zur Entziehung liegt dann darin, daß dieser Wohnungseigentümer beharrlich seine Pflicht zur Kostentragung nicht erfüllt.

2. Der Wohnungseigentümer verstößt wiederholt gegen die Pflichten, die ihm aus der Zugehörigkeit zu einer Gemeinschaft auferlegt sind. Es müssen jedoch schon sehr schwerwiegende Gründe sein, die zum Entzug des Eigentums führen. Diese Verfahren sind nur schwer durchzusetzen.

Die Entziehung des Wohnungseigentums kann nur als letztes Mittel in Frage kommen, wenn alle sonstigen rechtlichen Mittel ausgeschöpft sind. Die Einleitung und Durchsetzung eines Entziehungsverfahrens ist meist recht umständlich.

11 Änderung von Vereinbarungen

Falls ein Verkäufer grundbuchlich noch alleiniger Eigentümer aller Eigentumswohnungen ist, hat er die Möglichkeit, Änderungen an der Teilungserklärung bzw. Gemeinschaftsordnung vorzunehmen, ohne eventuelle Kaufinteressenten befragen zu müssen. Beispielsweise könnte er die Miteigentumsanteile ändern, wenn sich durch bauaufsichtliche Auflagen (zum Beispiel Verstärkung der Wandstärken) die Wohnflächen ändern.

Als Käufer der Eigentumswohnung sollten Sie immer darauf achten, daß Ihnen die am Tag der Eigentumsübergabe gültige Gemeinschaftsordnung vorgelegt wird.

Sobald die erste Wohnung verkauft ist, müssen alle Beteiligten durch Zustimmung zu einer Änderung, Aufhebung oder Neufassung einer Teilungserklärung, Gemeinschaftsordnung oder anderer Vereinbarungen mitwirken. Es wird meist schwierig sein, diese Zustimmung aller Beteiligten (Allstimmigkeit) in der Eigentümerversammlung zu erreichen.

Es müssen auch diejenigen Miteigentümer ihre Zustimmung geben, die nicht bei der Versammlung anwesend sind. Außerdem muß die Änderung in das Grundbuch eingetragen werden. Das ist mit Kosten- und Zeitaufwand verbunden. Sobald ein Beteiligter durch das Verfahren schlechter gestellt wird, ist nicht zu erwarten, daß dieser einem Antrag zustimmt. Eine einzige Ablehnung reicht aber bereits aus, um die Vereinbarung nicht zustande kommen zu lassen.

Zusammenfassend kann festgestellt werden, daß Änderungen der Teilungserklärungen und der Gemeinschaftsordnungen zwar möglich, aber nur schwierig durchzuführen sind. Um so mehr müssen Sie darauf achten, welchen Inhalt die Vereinbarungen haben, die zum Zeitpunkt des Kaufes Ihrer Eigentumswohnung gültig sind.

12 Werterhaltung

In der gleichen Art, in der ein Eigenheimbesitzer sich um die Werterhaltung seines Eigenheimes kümmern muß und nicht auf die Mithilfe anderer Personen warten kann, muß auch ein Wohnungseigentümer darauf achten, daß das Eigentum im Wert erhalten bleibt. Im Unterschied zum Eigenheimbesitzer ist er aber nur für sein Sondereigentum allein verantwortlich. Der vom Umfang und von den Kosten her größere Bereich des gemeinschaftlichen Eigentums wird von der Gesamtheit der Eigentümer getragen. Hier liegt ein nicht unerheblicher Vorteil einer Eigentumswohnung gegenüber dem Eigenheim.

12.1 Regelmäßige Bedarfs- feststellung für die Instandhaltung

"Der Verschleiß eines Gebäudes beginnt bereits beim Bezug der ersten Wohnung." Diese Feststellung eines technischen Beraters hat voll Gültigkeit. Wohnungseigentum ist eine Einrichtung, die durch die Unauflöslichkeit der Eigentümergemeinschaft sehr langlebig ist. Daher ist es erforderlich, für die Werterhaltung Vorsorge zu treffen. Der Verwalter des Wohnungseigentums ist nach dem Gesetz

gezwungen, die für die ordnungsmäßige Instandhaltung und Instandsetzung notwendigen Maßnahmen zu treffen. Wenn er kein Baufachmann ist, muß er nicht die Ausschreibung und die technische Bauleitung übernehmen. Jedoch muß er feststellen, ob Gebäudeteile Verschleißerscheinungen durch Abnutzung, Alterung und Witterung zeigen. Es ist üblich, daß der Verwalter einmal jährlich das Gesamtobjekt besichtigt und in Protokollform das Ergebnis dieser Besichtigung festhält, damit die Eigentümergemeinschaft daraus die notwendigen Entscheidungen ableiten kann. Er muß dies nur mit den Augen eines bautechnischen Laien tun. Eine Gemeinschaft, die sorgfältiger handeln will, wird im Abstand von drei bis vier Jahren auf Kosten der Gemeinschaft einen technischen Berater hinzuziehen, der dann aus fachlicher Sicht beraten wird.

Fragen Sie als Käufer doch einmal bei einem Verkäufer, beim Verwalter oder bei einem Beiratsmitglied, ob diese notwendigen Begehungen tatsächlich gemacht werden.

Fehlt eine solche Begehung, so müssen Sie davon ausgehen, daß möglicherweise ein Instandsetzungsbedarf übersehen wurde, der zu irgendeinem Zeitpunkt hohe Kosten verursacht. Eine sorgfältige Bedarfsfeststellung hält Kosten und Schaden gering.

12.2 Werterhaltung des Gemeinschaftseigentums

Die Werterhaltung ist Aufgabe der Gesamtgemeinschaft. Durch die Gemeinschaftsordnung oder durch eine Vereinbarung kann auch festgelegt werden, daß die Kosten nur von denen zu tragen sind, die auch gleichzeitig Eigentümer der zu nutzenden Einheit sind. Beispielsweise kann vereinbart werden, daß die Eigentümer einer Sammelgarage allein die Werterhaltung dieser Garage tragen. Ohne eine solche Vereinbarung müßten alle Eigentümer, auch die Nichtgaragenbesitzer, sich an den Kosten beteiligen.

Als Käufer sollte man nach diesen Regelungen fragen.

Meist wird dem Verwalter ein Spielraum gegeben, in dem er Aufträge vergeben kann, ohne eine Eigentümerversammlung einberufen zu müssen. Darüber hinaus wird der Spielraum erweitert für Aufträge, die er gemeinsam mit dem Verwaltungsbeirat vergeben kann. Vom Grundsatz her muß sonst immer die Eigentümergemeinschaft befragt werden, welche Instandsetzungs- und Instandhaltungsarbeiten zu welchem Preis vergeben werden dürfen, damit die Mitwirkung der Eigentümer gesichert ist. Auch bei der Vorbereitung und technischen Überwachung bis zur Rechnungsprüfung auf sachliche Richtigkeit kann die Einschaltung eines technischen Beraters erforderlich sein, da er das technische Fachwissen mitbringt und auch einen Versicherungsschutz bei Sachschäden nachweisen kann. Der rein kaufmännische Verwalter wird diesen Versicherungsschutz bei Sachschäden meist nicht erbringen können.

12.3 Werterhaltung des Sondereigentums

Als Käufer einer Eigentumswohnung müssen Sie Ihre eigene Wohnung auf eigene Kosten instand setzen und instand halten. Das haben Sie teilweise auch schon bei Schönheitsreparaturen in der Mietwohnung machen müssen. Über diese Schönheitsreparaturen hinaus müssen Sie jetzt auch die Normalreparaturen an der Elektro-, Gas-, Heizungs- und Sanitäreinrichtung bezahlen, soweit diese Sondereigentum sind. Sie sollten sich also dafür interessieren, wo das Gemeinschaftseigentum in den Zuleitungen endet und von welchem Punkt an Sie eintreten müssen. Der Verwalter hat nicht die Aufgabe, für die Werterhaltung des Sondereigentums zu sorgen. Er ist nur für das gemeinschaftliche Eigentum zuständig.

12.4 Kosten- und Instand-
haltungsplanung

Der größte Teil der Werterhaltungs-
arbeiten liegt beim Gemeinschaftseigentum, da dieses alle
konstruktiven Teile eines Gebäudes
umfaßt. Nun kann der Reparatur-
dienst so durchgeführt werden,
daß jeweils nur das repariert wird,
was im Augenblick anfällt. Auch die
Instandhaltung wird in solchen
Fällen nur dann erfolgen, wenn
schon deutlich sichtbare Schäden
zu beobachten sind (zum Beispiel
großflächiges Abblättern von Fen-
steranstrichen).

Ein solches Verfahren bringt in
ungleichmäßigen Abständen Kosten für die Gemeinschaft, die oft
nicht im Wirtschaftsplan enthalten
sind und durch Sonderumlagen
bezahlt werden müssen. Als Wohnungseigentümer müssen Sie dann
meist kurzfristig größere Geldbeträ-
ge einsetzen. Ein umsichtig denken-
der Verwalter und eine einsichtige
Eigentümergemeinschaft können
sich das ersparen.

Dies geschieht einmal dadurch,
daß die Eigentümergemeinschaft
ausreichende Geldmittel für die
Instandhaltungsrückstellung an-
sammelt. Zum anderen hat der
Verwalter die Möglichkeit, eine
kurz- und mittelfristige Werterhal-
tungsplanung einschließlich Finanzierungsplanung unter Mithilfe von
technischen Beratern durchzuführen. Dies erstreckt sich über Zeiträu-
me von drei bis zehn Jahren. Der
Techniker weiß um die technische
Lebensdauer der Bauteile oder kann
sie vor Ort erfassen. Unter Einsatz
der Datenverarbeitung kann eine
solche Planung durchgeführt werden. Sie gibt den Wohnungseigentümern, aber auch den Kaufinteressenten von Wohnungseigentum die
Möglichkeit, den Finanzierungsbedarf vorausschauend zu ermitteln
und sich darauf einzustellen. Bei
älteren Wohnungseigentumsanlagen ist der Bedarf größer. Hier wird
Vorausplanung immer angebracht
sein.

13 Rechte und Pflichten – Ordnung muß sein

Das Wohnen in einer Wohnungseigentumsanlage ist ein Wohnen in einer Gemeinschaft. Hierauf müssen Sie sich als Käufer einstellen. Viele Probleme in Wohnanlagen treten dadurch auf, daß Käufer von Eigentumswohnungen sich so verhalten, als ob sie ein freistehendes Einfamilienhaus gekauft hätten. Aber der Kauf einer Wohnung berechtigt noch lange nicht dazu, das Rundfunkgerät auf volle Lautstärke zu stellen, mittags Trompete zu blasen oder spätabends Löcher in die Wand zu bohren. Es ist Rücksicht auf die Gemeinschaft zu nehmen, und man muß Rücksichtnahme der anderen erwarten dürfen.

13.1 Gebrauchsregelungen

Nach dem Wortlaut des Wohnungseigentumsgesetzes "kann jeder Wohnungseigentümer einen Gebrauch der im Sondereigentum stehenden Gebäudeteile und des gemeinschaftlichen Eigentums verlangen, der dem Gesetz, den Vereinbarungen, den Beschlüssen und, soweit sich die Regelung hieraus nicht ergibt, dem Interesse der Gesamtheit der Wohnungseigentümer nach billigem Ermessen entspricht".

Die Wohnungseigentümer können den Gebrauch des Sondereigentums und des gemeinschaftlichen Eigentums in der Gemeinschaftsordnung oder durch eine Vereinbarung, die im Grundbuch eingetragen sein muß, regeln. Sie müssen dies aber nicht tun. Wenn keine Vereinbarung vorliegt, dann können die Wohnungseigentümer durch Stimmenmehrheit einen entsprechenden ordnungsgemäßen Gebrauch beschließen.

Beim Erwerb ist also wichtig, daß Sie sich darüber informieren, ob die Gebrauchsregelung durch Vereinbarung oder Beschluß zustande gekommen ist.

Liegt ein Mehrheitsbeschluß vor, kann dieser Beschluß zu einem späteren Zeitpunkt durch Stimmenmehrheit wieder geändert werden, auch wenn Sie gegen diesen Beschluß stimmen. Eine Vereinbarung hat längeren Bestand, da hier eine Änderung nur durch Allstimmigkeit zu erreichen ist. In der Gebrauchsregelung kann festgehalten werden, daß das Sondereigentum ausschließlich für Wohnzwecke benutzt werden darf. Dann ist eine berufliche, gewerbliche oder freiberufliche Nutzung des gesamten Sondereigentums oder einzelner Räume nicht möglich.

13.2 Nutzungsordnungen

Jede Eigentümergemeinschaft kann neben der Hausordnung noch eine Nutzungsordnung einführen. Nutzungsordnungen können erforderlich werden für die Nutzung von

☐ Wasch- und Trockenräumen,

☐ Wagenabstellplätzen und Wagenwaschplätzen,

☐ Fahrradkellern und Vorratskellern,

☐ Spielplätzen, Bolzplätzen, Spielkellern,

☐ Hobbyräumen und Partyräumen,

☐ Saunaanlagen und Schwimmbädern.

Es gibt jedoch auch die Möglichkeit einer einfachen Absprache.

13.3 Hausordnungen

Nach dem Wohnungseigentumsgesetz ist es zwingend, daß die Wohnungseigentümer eine Hausordnung aufstellen. Der Verwalter hat für die Durchführung der Hausordnung zu sorgen. Hausordnungen für Miethäuser können nicht als Beispiel für Hausordnungen im Wohnungseigentum genommen werden, da sie einem anderen Interessentenkreis dienen. Eigentümern kann man zum Beispiel nicht die Tierhaltung oder das Musizieren verbieten. Hier kann nur verlangt werden, daß die anderen Mitbewohner nicht oder nur in einem zumutbaren Umfang beeinträchtigt werden. Die Hausordnung ist Bestandteil der ordnungsgemäßen Verwaltung und kann notfalls durch Anrufung des Gerichts durchgesetzt werden.

Die Hausordnung soll enthalten:

☐ die Sorgfaltspflicht,

☐ die Reinigungspflicht,

☐ die Schnee- und Eisräumung,

☐ die Grünflächenpflege,

☐ die Fahrstuhlnutzung (auch in Sonderregelung möglich).

Die Ordnungen (Haus- und Nutzungsordnung) können Auswirkungen haben auf die Nutzung des einzelnen Sondereigentums in der

Eigennutzung, aber auch in der Vermietung, da sie an den Mieterkreis weiterzugeben sind.

Daher sollten Sie als Erwerber Einblick in diese Ordnungsregelungen nehmen und gleichzeitig darauf achten, ob sie per Vereinbarung bzw. Gemeinschaftsordnung oder per Mehrheitsbeschluß verbindlich eingeführt wurden.

Im ersten Fall kann eine Änderung wieder nur durch Allstimmigkeit herbeigeführt werden, während im zweiten Fall für eine Änderung wieder ein Mehrheitsbeschluß ausreicht.

13.4 Bauliche Veränderungen

Innerhalb seines Sondereigentums darf ein Wohnungseigentümer ohne Befragen der Miteigentümer an den Bestandteilen des Gebäudes Veränderungen vornehmen, die verändert, beseitigt oder eingefügt werden können, ohne daß dadurch das gemeinschaftliche Eigentum beeinträchtigt oder die äußere Gestaltung des Gebäudes verändert wird. Er muß sich somit jeweils

Kenntnis darüber verschaffen, wo das gemeinschaftliche Eigentum endet und das Sondereigentum beginnt. Im Bedarfsfall wird er hierüber den Verwalter befragen müssen.

Mit Zustimmung der Wohnungseigentümer darf er auch Veränderungen am gemeinschaftlichen Eigentum (zum Beispiel Türöffnung brechen in tragender Wand) durchführen. Wenn die Belange anderer Wohnungseigentümer davon nicht berührt sind, ist die Zustimmung dieser Eigentümer nicht erforderlich.

Bei einer Veränderung der äußeren Gestaltung (zum Beispiel der Balkonverkleidung) ist immer die Allstimmigkeit der Wohnungseigentümer erforderlich und damit eine solche Maßnahme nur schwer durchzusetzen.

Vor baulichen Änderungen sollten Sie daher beim Verwalter fragen, ob statische oder sonstige technische bzw. rechtliche Bedenken vorliegen (zum Beispiel Erweiterung eines Heizkörpers).

14 Darum prüfe, wer sich lange bindet – ein kleines Kapitel Finanzierung

Was eine Eigentumswohnung kostet, ist von vielen Faktoren abhängig. Letztlich bestimmt sich der Preis nach Angebot und Nachfrage. Eine Angebotsanalyse ist zwar unabdingbar, aber auch außerordentlich schwierig. Denn das Objekt, das Sie kaufen wollen, ist eventuell nur ganz kurze Zeit im Angebot. Eigentumswohnungen sind keine Ware wie beispielsweise Fernsehgeräte oder Autos, die Sie auch nach Monaten noch in gleicher Ausstattung kaufen können. Dieses Wissen machen sich häufig Verkäufer zunutze, die dann auch entsprechend drängen, schnell zuzuschlagen. Doch oft ist der Kreis der wirklich Interessierten nicht so groß, wie vorgegeben wird. Sie haben also etwas Zeit, um die Angebote zu prüfen. Und diese Zeit brauchen Sie auch, um die eventuell notwendige Fremdfinanzierung Ihrer Eigentumswohnung sicherzustellen.

Denn nicht jeder, der eine Eigentumswohnung kaufen möchte, kann sich die notwendigen Tausender vom Sparkonto holen. Möglicherweise wird es Ihnen genauso gehen wie den meisten potentiellen Käufern: Ihnen fehlt das nötige Großgeld. Wenn Sie mit dem Ableben des Erbonkels nicht rechnen können, der Sparstrumpf der Großmutter nichts hergibt und der Bausparvertrag noch lange nicht zuteilungsreif ist, dann müssen Sie schon über "alternative" Finanzierungsquellen nachdenken. Die gibt es denn auch reichlich. Denn Banken haben es sich nicht nur zur Aufgabe gesetzt, Ihre Spargroschen in Verwahr zu nehmen und Ihr Geld von hier nach da zu schicken, sie geben auch Geld. Und das tun sie viel lieber, als manche Mitmenschen glauben. Denn das Geldverleihen bringt natürlich auch wieder Geld durch die oft recht hohen Zinsen, die Sie bezahlen müssen, wenn Sie als kreditwürdig befunden worden sind.

Aber nicht nur Banken und Sparkassen können Sie anzapfen. Geld gibt es auch von Versicherungsunternehmen, genauer gesagt bei Lebensversicherungsunternehmen. Und wenn Sie anfangen, die Finanzierungsangebote zu sichten, werden Sie sehr schnell auf einen Geldgeber stoßen, der Ihnen zwar in den meisten Fällen nichts auszahlt, sich aber trotzdem häufig indirekt über Steuervergünstigungen an der Finanzierung beteiligt: Vater Staat.

Doch Vorsicht! Da der sich nicht so schnell wehrt, wird er manchmal auf recht abenteuerliche Weise bei Musterfinanzierungsrechnungen mit einbezogen, die vielleicht für Familie Mustermann zutreffen können, für Sie aber noch lange nicht zutreffen müssen. Vater Staat beteiligt sich eventuell jedoch auch direkt: durch spezielle Bauförderungsprogramme – von Bundesland zu Bundesland mit unterschiedlichen Bedingungen und Förderhöhen, die sich zudem auch noch ab und zu ändern. Deshalb müssen Sie sich an dieser Stelle einfach mit dem Hinweis darauf begnügen und kommen nicht umhin, sich vor Ort zu informieren. Selbst bei wem Sie fragen können, ist nicht so einfach zu beantworten. Kreis- oder Gemeindeverwaltungen und auch Steuerberater wissen in der Regel mehr.

Es gibt noch eine andere Geldquelle, die Sie nicht vergessen sollten. Manche Arbeitgeber geben ein oft recht zinsgünstiges Darlehen, in seltenen Fällen gar ein zinsfreies, das dann von Monat zu Monat mit Ihrem Gehalt verrechnet wird. Sie sollten sich nicht scheuen, zumindest in der Personalabteilung einmal nachzufragen, ob Ihr Arbeitgeber auch so großzügig ist. Einen

Haken hat die Sache aber. Wenn Sie kündigen, müssen Sie die Restsumme möglicherweise auf einen Schlag zurückbezahlen!

Natürlich gibt es zum dem Thema "Finanzierung" viel mehr zu sagen, als wir Ihnen hier vermitteln können. Andere Leute haben dazu ganze Bücher geschrieben. Schauen Sie sich doch einmal die letzten Seiten dieser Broschüre an. Dort stellen wir Ihnen unter anderem ein Buch mit dem Titel "Baufinanzierung – Planungshilfen, Finanzierungsformen, Förderungsmöglichkeiten" vor, dessen Lektüre Ihnen sicher helfen wird, Ihr Kaufvorhaben in finanzieller Hinsicht richtig zu planen.

14.1 Das sollten Sie sich merken

Zum wem Sie auch gehen, um sich ein Finanzierungsangebot machen zu lassen, er wird Ihnen versichern, daß er nur Ihr Bestes will. Doch das ist in dem Fall Ihr Geld. Das ist nicht ehrenrührig, schließlich macht die Frau beziehungsweise der Mann seinen Job.

Deshalb denken Sie daran: Sie kommen nicht als Bittsteller, der sich alles bieten lassen muß. Sie wollen lediglich die Ware Geld zu einem günstigen Preis kaufen. Da Sie sonst auch Preise vergleichen, tun Sie es hier natürlich auch.

"Es lebe der kleine Unterschied." Gerade bei der Finanzierung einer Eigentumswohnung sollten Sie nach diesem Satz handeln. Denn hier geht es um lange andauernde Festlegungen und hohe Beträge. Ein halbes Prozent weniger Zins kann auf Dauer für Sie ein schöner Gewinn sein.

Daß Sie Äpfel nicht mit Birnen vergleichen können, das wissen Sie natürlich. Daß dieses Prinzip auch bei der Finanzierung einer Eigentumswohnung gilt, wird noch zu häufig übersehen. Deshalb sollten Sie immer darauf bestehen, bei einem Angebot den effektiven Jahreszins genannt zu bekommen. Sprüche wie "Wir bieten die geringste monatliche Belastung" oder "Bei uns gibt's die niedrigsten Kosten" sollten Sie zunächst einmal als das nehmen, was sie sind: Sprüche!

Wenn Sie bei Banken und Sparkassen telefonisch nach den Zinsen fragen, um sich einen ersten Überblick zu verschaffen, dann wird Ihnen ein seriöser Anbieter nicht nur die momentanen Zinssätze nennen, sondern auch sagen, bei welcher Auszahlung und Laufzeit die gelten.

Merken Sie sich: Ein günstiger Zinssatz sagt gar nichts, wenn Sie die Auszahlungshöhe und die Dauer der Zinsfestschreibung nicht kennen. Fragen Sie deshalb am besten immer nach dem effektiven Jahreszins. Nur der stellt halbwegs sicher, daß Sie wirklich Äpfel mit Äpfeln vergleichen. Halbwegs? Ja, leider. Denn nach der Preisangabenverordnung ist zwar die Berechnung des effektiven Jahreszinses vorgeschrieben. Aber Vater Staat hat nicht vorgeschrieben, daß Bereitstellungszinsen, Kontoführungsgebühren, Versicherungsbeiträge, Wertschätzungskosten und ähnliches mit in die Berechnung einbezogen werden müssen. Deshalb sollten Sie nach der Höhe zusätzlich anfallender Belastungen und Aufwendungen fragen.

14.2 Wieviel Geld brauche ich eigentlich?

Die Zeiten, als man noch fast ohne Eigenkapital ein Haus oder eine Eigentumswohnung finanzieren konnte, sind wohl auf Dauer vorbei. Infolge der in den letzten Jahren stark gestiegenen Immobilienpreise müssen Durchschnittsverdiener heute schon einen großen Teil des benötigten Kaufpreises aus eigenen Mitteln bestreiten. Entscheidend für die Beleihungshöhe wird für die Bank deshalb Ihr Einkommen sein. Zu viele Häuslebauer hatten sich in den letzten Jahren übernommen und konnten, als der Verdienst durch Krankheit oder Arbeitslosigkeit geringer wurde, die Raten für Zinsen und Tilgung nicht mehr aufbringen. Manch gutes Objekt ist so unter den Hammer gekommen.

Bedenken Sie, daß Sie nicht nur den reinen Kaufpreis benötigen, sondern auch noch Geld für den Notar, das Amtsgericht (Grundbucheintragung), das Finanzamt (Grunderwerbsteuer) und eventuell auch für die Kommune (Erschließungskosten) brauchen. Wenn dann auch noch ein Makler die

Hand aufhält, kann schnell noch eine erkleckliche Summe zusammenkommen. Bei Ihren Kalkulationsüberlegungen sollten Sie auch daran denken, daß Sie ein kleines finanzielles Polster benötigen, um Sonderumlagen bezahlen zu können, die bei älteren Objekten beispielsweise durch aufwendige Dachreparaturen oder Heizungserneuerungen just in dem Moment auf Sie zukommen können, wenn Sie gerade stolzer Besitzer Ihrer Eigentumswohnung geworden sind.

Von Banken und Sparkassen erhalten Sie üblicherweise nur 60 bis 80 Prozent des Beleihungswertes. Berücksichtigt man außerdem, daß der Beleihungswert nur 80 bis 90 Prozent der tatsächlichen Anschaffungskosten beträgt, bekommen Sie zum Beispiel bei einem Beleihungswert von 80 Prozent (der Anschaffungskosten) und einer Beleihungsgrenze von 60 Prozent des Beleihungswertes nur 48 Prozent der wirklichen Kosten als sogenannte "1. Hypothek". Zwar sind die Kreditinstitute in der Regel bereit, über diesen Rahmen

hinauszugehen, sie lassen sich die zusätzlichen Gelder allerdings durch Aufschläge auf die Grundkonditionen teuer bezahlen. In den Finanzierungsbetrag müssen Sie auch Notar-, Makler- und Gerichtskosten mit einrechnen. Wie hoch diese "Nebenkosten" sind, hängt vom Kaufpreis beziehungsweise von der Finanzierungssumme ab. Notare haben feste Sätze, die für alle Notare im jeweiligen Bundesland gleichermaßen gelten. Unterschiede kommen allenfalls dadurch zustande, ob die Abwicklung über ein Notaranderkonto erfolgt oder nicht. Als Faustregel können Sie zirka 1,5 bis 2 Prozent des Kaufpreises rechnen.

Mit Maklern können und sollten Sie reden. Wenn sich ein Makler schon längere Zeit bemüht, ein Objekt loszuschlagen, dann wird er eventuell bereit sein, nun endlich zum Erfolg und damit an sein Geld zu kommen. Für Makler müssen Sie in etwa 3 Prozent des Kaufpreises plus Mehrwertsteuer einplanen.

Was Sie an das Amtsgericht überweisen müssen, ist ebenfalls abhängig von der Kaufsumme und der Höhe einer Grundschuldeintragung (Grundschuld). Außerdem müssen Auflassungen extra bezahlt werden.

Die Grunderwerbsteuer beträgt seit dem 1.1.1997 3,5 Prozent des Gesamtkaufpreises inklusive Maklerkosten der Eigentumswohnung, und nicht etwa nur des Grundstücksanteils.

Genaueres zur Finanzierungsplanung finden Sie in dem schon erwähnten Buch "Baufinanzierung" (Beschreibung auf den letzten Seiten dieser Broschüre).

14.3 Sachverständigengutachten

Wenn Sie nicht sicher sind, ob der Ihnen genannte Kaufpreis für die Wohnung angemessen ist, sollten Sie den Rat eines öffentlich bestellten und vereidigten Sachverständigen für die Wertermittlung von Gebäuden einholen. Adressen kann Ihnen die zuständige Industrie- und Handelskammer geben.

Auf der Grundlage von Unterlagen (Zeichnungen, Grundbuchauszug und ähnliches) und einer zusätzlichen Ortsbesichtigung im Objekt errechnet der Sachverständige den Verkehrswert des Sondereigentums. Dieses Gutachten können Sie dann auch als Unterlage für die Beleihung verwenden. Bei der Verkehrswertermittlung werden die Besonderheiten der Wohnung und des gemeinschaftlichen Eigentums (zum Beispiel aufgestauter Instandsetzungsbedarf) einbezogen. Der Verkehrswert ist der Wert, der ohne Rücksicht auf ungewöhnliche oder persönliche Verhältnisse zum Zeitpunkt der Wertermittlung im gewöhnlichen Geschäftsverkehr zu erreichen ist.

15 Sonderangebote – nicht immer preiswert

15.1 Erwerb im Wege der Zwangsversteigerung

Zwangsversteigerungen sollten für Sie ein Warnsignal sein. Zwangsversteigert werden Wohnungen häufig von Haushalten, die sich überstürzt, ohne ausreichende Vorüberlegungen und mit zu wenig Eigenkapital zum Erwerb einer Eigentumswohnung entschlossen haben und mittlerweile in Zahlungsschwierigkeiten geraten sind. In solchen Fällen wurden die Wohnungen häufig aufgrund von Lockangeboten unseriöser Verkäufer, die mietähnliche Belastungen suggerierten, gekauft.

Zwangsversteigerungen werden durch das Amtsgericht bekanntgemacht. Für Erwerber zwangsversteigerter Wohnungen gilt besondere Vorsicht: Um sich vom tatsächlichen Wert der zur Versteigerung kommenden Eigentumswohnung Kenntnis zu verschaffen, tun Sie gut daran, bei dem zuständigen Amtsgericht vor dem Versteigerungstermin die Unterlagen (zum Beispiel Wertgutachten) einzusehen.

Zwischen der ersten Zahlungsunfähigkeit eines Wohnungseigentümers und der Einleitung eines Zwangsversteigerung vergehen durchschnittlich ein Jahr und bis zum Versteigerungstermin nochmals 1½ Jahre. Bei der langen Dauer eines solchen Verfahrens müssen Sie damit rechnen, daß das zu ersteigernde Sondereigentum Mängel aus vernachlässigter In-

standhaltung aufweisen kann. Nach der Feststellung des Wertes durch einen Sachverständigen des Gerichtes findet der öffentliche Versteigerungstermin statt, zu dem Sie als Bieter gehen können. Beim ersten Termin einer Zwangsversteigerung müssen beim Höchstgebot 70 Prozent des Verkehrswertes erreicht werden. Falls dies nicht erreicht wird, findet ein weiterer Versteigerungstermin statt, bei der die Eigentumswohnung grundsätzlich demjenigen zugeschlagen wird, der das höchste Gebot abgibt.

15.2 Wohnungseigentum aus umgewandelten Altbauten

Je nachdem, ob beispielsweise das Wohnungseigentum bereits begründet ist oder noch nicht, können erhebliche Kostenunterschiede vorliegen. Deshalb sollten Sie genau prüfen, in welchem Fall Sie einsteigen wollen (siehe Abbildung auf der folgenden Seite).

1. Fall

Der Alteigentümer will Ihnen eine bisherige Mietwohnung in einem Haus verkaufen, bei dem noch nicht das Wohnungseigentum begründet ist. Sie können dort mit einem Bruchteil in eine Bruchteilsgemeinschaft nach dem Bürgerlichen Gesetzbuch einsteigen. Diese Bruchteilsgemeinschaft begründet dann das Wohnungseigentum. Der Wert der Altwohnung bemißt sich nach ihrem Zustand zum Zeitpunkt des Verkaufs.

Neben den Erwerbskosten müssen Sie noch die Kosten berücksichtigen für:

☐ die Begründung des Wohnungseigentums,

☐ die Schaffung der baulichen Abgeschlossenheit,

☐ die Behebung des aufgestauten Instandsetzungsbedarfs der Wohnung und des gemeinschaftlichen Eigentums,

☐ eventuelle Modernisierung.

Wohnungseigentum aus umgewandelten Altbauten

1. Fall	2. Fall	3. Fall
V verkauft an *K* in Bruchteilsgemeinschaft	*V* begründet Wohnungseigentum	*V* verkauft an *B*
K begründen Wohnungseigentum	*V* verkauft an *K*	*B* begründet Wohnungseigentum
K sanieren Gebäude, modernisieren Wohnungen	*K* modernisieren Wohnungen	*B* saniert und modernisiert
		B verkauft fertige Wohnungen an *K*
Vorteil niedriger Kaufpreis	*Vorteil* Änderungsmöglichkeiten in eigener Wohnung	*Vorteil* keine Arbeit mit Sanierung, Modernisierung, Begründung
Nachteil viel Arbeit und hohe Zusatzkosten durch Sanierung, Modernisierung, Begründung	*Nachteil* Risiko durch eventuell vorhandenen Instandsetzungsbedarf	*Nachteil* hoher Kaufpreis

V = Verkäufer (Alteigentümer),   *K* = Käufer (werdende Wohnungseigentümer), *B* = Bauträger

Die Altwohnung wird wahrscheinlich billig sein, doch zu einem Kauf kann nur geraten werden, wenn die späteren Kosten vorher genau ermittelt werden.

2. Fall

Der Alteigentümer verkauft Ihnen eine Eigentumswohnung, bei der das Wohnungseigentum bereits begründet ist und bei der auch die Abgeschlossenheit bereits vorhanden ist. Wenn sich der Alteigentümer einer solchen Wohnung bisher darum gekümmert hat, dann fallen zusätzlich zu den Erwerbskosten an:

☐ eventuelle Modernisierungskosten,

☐ Kosten zur Behebung des aufgestauten Instandsetzungsbedarfs für das Sondereigentum und das Gemeinschaftseigentum.

In dieser Bauphase werden die Wohnungen oft an bisherige Mieter verkauft. Sie sollten die zusätzlichen Kosten beachten und diese vor dem Kauf gegebenenfalls durch technische Berater (zum Beispiel Architekten) genau ermitteln lassen. Die Kosten für diese Ermittlung sollte der Verkäufer tragen.

3. Fall

Ein Bauträger kauft dem Alteigentümer das Gesamtobjekt ab und begründet das Wohnungseigentum. Er führt auch die Instandsetzungs- und Modernisierungsarbeiten durch. Sie können also die fertige Wohnung besichtigen, und es wird Ihnen der Kaufpreis dieser Wohnung genannt. In dieser Phase brauchen Sie mit weiteren Kosten für die Begründung und die Instandsetzung nicht zu rechnen. Achten Sie jedoch darauf, daß die bisherigen Mieter Mieterschutz genießen und eventuell für einen vorzeitigen Auszug Ablösesummen, Umzugskosten und Ersatz für eingebaute Teile (zum Beispiel Deckenverkleidung) geltend machen (siehe auch Kapitel 9.3).

16 Checkliste für den Erwerb von Wohnungseigentum

1. Unterscheidet sich die zu erwerbende Eigentumswohnung vorteilhaft von meiner bisherigen Wohnung?

2. Ist die Eigentumswohnung für mich die richtige Wohnung nach Lage, Ausstattung und Größe?

3. Wie viele Wohnungen umfaßt das Gesamtobjekt, und sind diese hauptsächlich eigengenutzt oder vermietet?

4. Wann wurde die Wohnungseigentumsanlage erbaut? Liegt ein aufgestauter Instandsetzungsbedarf vor?

5. Besteht die Anlage nur aus Wohnungseigentum, oder ist auch Teileigentum vorhanden? Welche gewerblichen Anlagen?

6. Wer verwaltet das Wohnungseigentum? Haupt- oder nebenberuflich? Wann und wo erreichbar?

7. Gibt es im Wohnungseigentum einen Verwaltungsbeirat? Wann und wo erreichbar?

8. Sind Einkaufsmöglichkeiten ausreichend in der Nähe?

9. Wie sind die Verkehrsverbindungen zu Arbeitsstätte, Schule, Behörden und Dienstleistungsbetrieben?

10. Habe ich Einblick genommen in folgende Unterlagen:

☐ Wohnungs- oder Teileigentumsgrundbuch,

☐ Teilungserklärung und Gemeinschaftsordnung,

☐ Aufteilungsplan und Abgeschlossenheitserklärung,

☐ Gebrauchsregelung, Nutzungs- und Hausordnung,

☐ Protokolle der Eigentümerversammlung, Beschlußsammlung?

11. Habe ich mich erkundigt

☐ über den Verwaltervertrag,

☐ über Veräußerungs- und Vermietungsbeschränkungen,

☐ über die Möglichkeiten der Vollmachtserteilung,

☐ über die Ausübung des Stimmrechtes in der Eigentümerversammlung nach Kopf- oder Wertigkeitsprinzip,

☐ über die Größe und Entstehung der Miteigentumsanteile (Vergleich mit anderen Wohnungen),

☐ über die Sondernutzungsrechte,

☐ über die Kosten- und Lastenverteilungsschlüssel,

☐ über die Nutzungsarten und Nutzungsbeschränkungen des Teileigentums,

☐ über die Wohn- und Nutzflächengröße,

☐ über die Abstellmöglichkeiten für Pkw, Motorrad, Mofa, Fahrrad, Wohnwagen und Wohnmobile?

12. Habe ich Erkundigungen eingezogen

☐ über die Bonität des Verkäufers,

☐ über finanzielle Rückstände der Hausgeldzahlungen bei Mitbewohnern,

☐ über die Höhe und Fälligkeit der Hausgeldzahlungen,

☐ über den Wirtschaftsplan und die letzte Abrechnung,

☐ über die Fälligkeit, Höhe und Häufigkeit von Sonderumlagen,

☐ über die Höhe der vorhandenen Instandhaltungsrückstellung,

☐ über die Höhe der laufenden Instandhaltungsrückstellungszahlungen,

☐ über die Höhe von Erträgen des Gemeinschaftseigentums und meinen Anteil an diesen Erträgen?

13. Führt der Verwalter regelmäßig Begehungen des Wohnungseigentums durch? In welchen Abständen?

14. Wurde eine technische Bestandsaufnahme des Zustandes im Sonder- und Gemeinschaftseigentum durchgeführt? Durch wen? Kostenaufwand für die notwendige Instandsetzung?

15. Liegt eine kurz- und mittelfristige Kosten- und Instandhaltungsplanung beim Verwalter vor?

16. Welche Kosten entstehen

☐ als Kaufpreis der Eigentumswohnung,

☐ als Nebenkosten beim Erwerb (zum Beispiel für Notar, Grundsteuer, Gutachten),

☐ für die Darlehensbearbeitung,

☐ als laufende Kosten,

☐ aus bereits beschlossenen, aber noch nicht ausgeführten Modernisierungs- und Instandsetzungsarbeiten am Gemeinschaftseigentum und

☐ aus Änderungs- und Modernisierungswünschen im zu erwerbenden Sondereigentum?

17. Führt die Eigentümergemeinschaft zum Zeitpunkt des Erwerbs

☐ gerichtliche Beweissicherungsverfahren durch (gegen wen?),

☐ Zivilprozesse oder Verfahren bei der freiwilligen Gerichtsbarkeit durch (gegen wen?),

☐ Mahnverfahren gegen säumige Miteigentümer durch? In welchem Umfang?

18. Ist die Nutzung oder Mitnutzung sichergestellt

☐ im Außenbereich,

☐ an den Kellerräumen,

☐ an den Speicherräumen,

☐ im sonstigen Gemeinschaftseigentum (zum Beispiel Sauna oder Hobbybereich)?

17 Zehn allgemeine Merksätze zum Erwerb

1.

Lassen Sie sich Zeit für die Auswahl des Objektes und für die Vorbereitung des Kaufvertrages. Eine Wohnung kauft man nicht so einfach wie ein Auto.

2.

Suchen Sie neutrale Beratung in rechtlichen und finanziellen Fragen.

3.

Machen Sie sich mit den Besonderheiten und Unterlagen des Wohnungseigentums vertraut.

4.

Prüfen und vergleichen Sie den Kaufpreis, die anfallenden Nebenkosten und die späteren laufenden Kosten.

5.

Lassen Sie sich keine risikoreichen Finanzierungen andrehen, und holen Sie andere Finanzierungsangebote ein.

6.

Prüfen Sie Ihre Grundriß- und Ausstattungswünsche gründlich. Lassen Sie sich auch darin neutral beraten.

7.

Prüfen Sie sorgfältig den baulichen Zustand des Sondereigentums und des gemeinschaftlichen Eigentums, und lassen Sie sich beraten.

8.

Nur wer im Grundbuch steht, ist Eigentümer.

9.

Kaufvertrag nur beim Notar unterschreiben und vertragliche Unterlagen vom Notar erklären lassen.

10.

Wohnungseigentum ist gut – wenn man die dabei vorkommenden Spielregeln beherrscht!

Sachregister

Ein unentbehrliches Handbuch für alle, die bauen oder ein Haus bzw. eine Wohnung kaufen wollen. Mit Checklisten für Finanzierungsbedarf und finanzielle Belastung und dem ABC der Baufinanzierung zum Nachschlagen.

187 Seiten   14,00 DM

Mit diesem Ratgeber werden Sie über die Aufgaben und Funktionen von Außenwänden und Fassaden informiert. Sie lernen die möglichen Dämmverfahren für Neu- und Altbauten kennen und erhalten einen Überblick über die verschiedenen Wand- und Fassadenaufbauten.

58 Seiten   8,50 DM

Bauen muß nicht teuer und zeitaufwendig sein. In dieser Marktübersicht werden kostensparende Angebote unter die Lupe genommen. Wir geben Hintergrundinformationen zu Preisen, Angebotsformen sowie rechtlichen Fragen und stellen in einer Marktübersicht Typenhäuser vor, die um 2.000 DM pro m² Wohnfläche kosten.

176 Seiten   25.00 DM

Farbe, Geruch, Beschaffenheit, Umwelt- und Gesundheitsverträglichkeit sind wichtige Kriterien für die Auswahl des richtigen Fußbodens. Wir liefern in diesem Ratgeber nicht nur einen Überblick über die gängigen Böden, sondern auch wichtige Tips und Verlegehinweise.

72 Seiten   9,00 DM

Wir verraten Ihnen, wie man Häuser dämmt, damit im Winter wenig Wärme hinausgeht und im Sommer nicht viel hereinkommt. Wärmedämmstoffe werden vorgestellt und bewertet. Wir erläutern, was sie kosten und für welche Hausteile sie geeignet sind.

84 Seiten   11,00 DM

Bestellhinweise

Auf Wunsch senden wir Ihnen gerne die Gesamtübersicht aller Publikationen zu.

Unsere Ratgeber können Sie in den Beratungsstellen der Verbraucher-Zentrale NRW kaufen oder bestellen bei: Verbraucher-Zentrale NRW • Ratgeberversand • Adersstraße 78 • 40215 Düsseldorf

Bitte schicken Sie weder Geld noch Briefmarken. Sie erhalten eine Rechnung. Alle Preise (Stand April 1997) zuzüglich Versandkosten.

Solaranlagen zur Warmwasserbereitung sind nicht nur unter Umweltgesichtspunkten interessant, sie können sich auch rechnen. Was Sie bei Planung, Kauf und Installation beachten müssen und in welcher Region die Sonne warmes Duschwasser garantiert, verraten wir nicht nur Sonnenanbetern.

58 Seiten   8,50 DM

Billiges Baugeld gesucht?
Hypothekenzinsvergleich!

Bestellschein

Hiermit bestelle ich den Hypothekenzins-vergleich der Verbraucher-Zentrale NRW. Einen Verrechnungsscheck über 25 DM habe ich beigefügt.

Meine Anschrift:

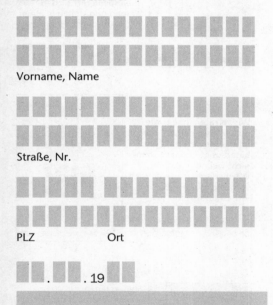

Vorname, Name

Straße, Nr.

PLZ   Ort

. . 19

Datum / Unterschrift

Ort der Bau- oder Kaufmaßnahme:
(falls abweichend vom derzeitigen Wohnort)

PLZ   Ort

Bauherren (und -frauen) staunen manch-mal Bauklötze, wenn sie die von Banken und Sparkassen angebotenen Hypothe-kenkonditionen vergleichen. Denn die Unterschiede sind erheblich. Bereits ein Zinsunterschied von wenigen zehntel Prozent kann die Gesamtfinanzierungs-kosten um einige zehntausend Mark senken. Die Abfrage der aktuellen Kondi-tionen verschiedener Anbieter kostet Zeit und Nerven. Profitieren Sie von unserem *täglich aktualisierten*

Hypothekenzinsvergleich

Aus einer Datenbank von über 100 erfaßten Banken und Sparkassen erhalten Sie die aktuellen Finanzierungskondi-tionen bundesweiter Anbieter und der aus der Umgebung Ihres Wohnortes oder des Ortes der geplanten Eigentumsmaß-nahme. Neben den nominalen und effektiven Zinskonditionen für vier verschiedene Zinsbindungsfristen zeigt unsere Liste auch die diversen Neben-kosten und Nebenbedingungen der verschiedenen Baufinanzierer.

■ Trennen Sie bitte den Bestellschein ab, tragen Sie Ihre Anschrift und – falls Sie an einem anderen Ort bauen oder kaufen möchten – auch die Postleitzahl und den entsprechenden Ortsnamen ein, und

■ schicken Sie den Bestellschein **mit einem Verrechnungsscheck über 25 DM** in einem Briefumschlag an:

**Verbraucher-Zentrale NRW
Stichwort: Hypozins
Mintropstr. 27
40215 Düsseldorf**